유가랩스, NFT 파워하우스

유가랩스, NFT 파워하우스

발행일 ; 제1판 제1쇄 2022년 9월 26일
지은이 ; 황의석 발행인·편집인 ; 이연대
디렉터 ; 신아람 에디터 ; 김혜림·이현구
디자인 ; 권순문 지원 ; 유지혜 고문 ; 손현우
펴낸곳 ; ㈜스리체어스 _ 서울시 중구 한강대로 416 13층
전화 ; 02 396 6266 팩스 ; 070 8627 6266
이메일 ; hello@bookjournalism.com
홈페이지 ; www.bookjournalism.com
출판등록 ; 2014년 6월 25일 제300 2014 81호
ISBN ; 979 11 92572 16 1 03300

북저널리즘은 환경 피해를 줄이기 위해
폐지를 배합해 만든 재생 용지 그린라이트를 사용합니다.

BOOK
JOURNALISM

유가랩스, NFT 파워하우스

황의석

; 유가랩스는 늘 커뮤니티와 성장의 과실을 나누려 했고 강력한 팬덤을 형성할 수 있었다. 그들은 실행 가능한 약속을 하고 그를 반드시 지켰다. PFP NFT 업계에는 지킬 수 없는 약속과 파기가 만연하다. 결국 블루칩으로 평가받는 프로젝트는 민팅 이후 사전에 제시했던 로드맵을 이행해 내는 팀들이다.

차례

5

프롤로그　　　　　1년 만에 신화가 된 이름

미국의 블록체인 스타트업 '유가랩스Yuga Labs'는 이제 막 설립 1년 차를 맞았다. 1년이라는 비교적 짧은 기간 동안 그들의 PFP(Profile Pictures·프로필 사진) NFT(Non-fungible Token·대체 불가능 토큰) 프로젝트인 'BAYC(Bored Ape Yacht Club·지루한 원숭이들의 요트 클럽)'을 세계에서 가장 가치 있는 PFP NFT로 만들어냈다. 유가랩스는 현재 BAYC를 넘어 차세대 메타버스Metaverse 플랫폼을 구현해 낼 수 있는 기업으로 각광받고 있다. 이 책은 유가랩스의 성장에서 결정적이었던 순간을 분석하고 그들의 미래 계획을 들여다본다.

BAYC는 2022년 초, 가장 값비싼 PFP NFT 컬렉션이 되었다. 세계 최대 NFT 거래소 '오픈씨OpenSea'에서 2022년 7월 3일 기준 BAYC 매물의 최저 가격은 90.5ETH(Ethereum Unit·이더리움 단위)이며, 이는 최근 암호 화폐 시장의 침체에도 불구하고 1억 3000만 원[1]에 이른다. 야심차게 시작하는 대다수의 프로젝트들이 최저 가격으로 1ETH 조차 형성하지 못하고 잊힌다는 것을 감안하면 놀라운 성과다. 같은 날까지 BAYC의 누적 거래량은 62만 6989.57ETH였으며, 이는 8900억 원이다. 이 글을 쓰기 불과 몇 주 전 이더리움 가격이 더 높았을 때를 기준으로 추산한다면 1조 원은 가뿐히 넘길 것이다. 또한 유가랩스에 따르면, 2022년 2월 기준으로 BAYC의 누적 거래량은 오픈씨 전체 누적 거래량의 10퍼센트를 차지했다. 유가랩스는 어떻게 1년 만에 세계에서 가장 비싼 NFT를 만들 수 있었을까? BAYC는 다른 PFP NFT 프로젝트들과 무엇이 달랐을까?

이 같은 흐름은 비단 암호 화폐 시장에서만 일어나는 일이 아니다. 유서 깊은 예술품 경매 시장에서도 발견된다. 2021년 9월 9일에는 세계 양대 경매 회사 중 하나인 '소더비 Sotheby's'가 101개의 BAYC를 경매에 부쳤는데, 총 낙찰 금액은 310억 원이었다. 같은 달 17일에는 다른 하나의 경매 회사 '크리스티Christie's'도 네 개의 BAYC를 경매에 부쳤으며, 총 낙찰 금액은 36억 원에 달했다. 고작 원숭이 캐릭터 이미지를 담은, 보다 정확히는 그 이미지 파일이 저장된 주소[2]를 담은 이 NFT들이 개당 평균 낙찰 금액이 3억에서 9억 원에 이를 만큼의 가치를 지닌 예술품일까? 혹시 거품은 아닐까? 2022년 5월 21일 SBS의 탐사 보도 프로그램 '그것이 알고싶다'는 〈피카소와 NFT-신화인가 버블인가〉라는 제목으로 NFT 열풍과 그 이면의 문제점을 보도하기도 했다. 그렇다면 과연 BAYC는 신화인가 버블인가. 아직 이 원숭이 캐릭터 이미지를 본 적이 없다면 이쯤에서 어떤 그림인지 상당히 궁금할 것이다. 하지만 조금만 참아주길 바란다. 이 책을 읽는 동안 수많은 BAYC들을 만날 수 있을 테니.

유가랩스는 매년 세계 최대 NFT 컨퍼런스인 'NFT.

APE FEST 2022[3]

NYC' 기간에 맞추어 BAYC 커뮤니티를 위한 이벤트인 'APE FEST'를 개최하고 있다. 올해도 6월 20일부터 23일까지 나흘간 미국 뉴욕의 관광용 부두인 '피어 17Pier 17'에서 APE FEST 2022를 개최했다. 그곳은 한 마디로 성인용 테마파크 같았다. 유가랩스는 피어 17을 BAYC 월드로 만들었고, 전 세계에서 모여든 NFT 컬렉터(Collector·수집가)들은 디즈니월드에 방문한 아이들처럼 들떠 있었다. 어쩌면 PFP NFT 사업의 본질은 엔터테인먼트 사업이 아닐까? 왜 이들은 BAYC에 이렇게까지 열광하는 걸까?

이 책은 BAYC를 둘러싼 여러 질문에 답한다. NFT 및 웹3.0 시장[4]의 특징 중 하나는 적극적인 소통이다. 이 시장에서 각각의 프로젝트들은 트위터나 디스코드 등을 비롯한 소셜 미디어에서 운영과 관련한 세부 정보를 커뮤니티에게 공개하고 그들과 교류한다. 이 책의 내용 대부분도 이러한 정보에 기반을 둔다. 여기에 필자의 관점에서 현상을 해석하고 정리한 내용과 직접 경험한 내용들을 더했다.

앞선 SBS의 보도와 같이 한국 사회에서 NFT는 주로 투기 수단으로만 묘사된다. 하지만 모든 NFT 투자자가 투기 목적으로만 NFT를 수집하는 것은 아니다. 유가랩스와 BAYC의 과거와 현재를 분석하고 미래 계획을 확인해보면 NFT 컬렉터들이 어떤 이유에서 NFT를 구입하는지 살필 수 있다. 덧붙여 NFT와 같은 신기술의 등장은 기존에 없던 사업을 구상할 수 있는 기회가 되기도 한다.

사실 NFT 시장을 공부하는 데 있어 가장 좋은 자료는 앞서 언급했던 각 플레이어의 트위터와 디스코드일 것이다. 그곳에서 실시간으로 소통하는 내용이 쌓여 역사가 되기 때문이다. 하지만 이 시장에 입문하는 입장이라면 이러한 소통 수단에 숙달하는 일조차 진입 장벽으로 느껴질 것이다. 유가랩스와 주요 PFP NFT 프로젝트들에 대한 이 책의 분석이 해당 사업의 전체상을 빠르게 파악하는 데 도움이 되었으면 한다.

끝으로 자신을 NFT '디젠Degen'이라 여기는 독자라면 이 책을 여기서 덮기를 추천한다. 자신이 디젠은 아닌 것 같다거나 디젠의 의미를 모른다면 계속 읽기를 권한다. 부디 이 책을 통해 살아 숨 쉬는 NFT의 세계를 경험할 수 있기를 바란다.

참고사항

• 일부 독자는 프롤로그부터 생소한 용어가 많아 어려운 책으로 여길지도 모르겠다. 하지만 후술할 내용에서 BAYC와 NFT가 무엇인지부터 설명하는 한편 이해하기 어려운 기술적인 내용은 최대한 배제했으므로 부담 갖지 않고 읽어 나가길 바란다.

• 본문에서 이더리움과 원화 간 전환은 각 시점의 환율을 기준으로 삼았다.

• 특금법(특정금융 거래정보의 보고 및 이용 등에 관한 법률)에서는 비트코인 등에 가상 자산이라는 명칭을 사용하고 있으나 이 책에서는 업계에서 널리 쓰이는 암호 화폐를 사용한다.

• BAYC가 운영하는 유튜브 채널에서는 요트 클럽 앞에서 반려견과 한적하게 낚시를 즐기는 원숭이의 영상과 함께 로파이 힙합lo-fi hiphop을 제공한다. 책을 집필하는 동안 이 채널을 켜 두곤 했다. 이 책을 읽는 동안 노래를 틀어 두고 BAYC 유니버스에 흠뻑 빠져 보길 추천한다.

1 　　　지루한 원숭이의 탄생 ; 2021년 4월

유일무이한 프로필 사진

2021년 4월 17일 'Bored Ape Yacht Club(지루한 원숭이들의 요트 클럽)'이라는 트위터 계정이 첫 번째 트윗을 통해 그들의 출범을 알렸다. 해당 트윗에서 BAYC 원숭이 이미지들은 디지털 클럽의 멤버십(회원권) 기능을 갖춘 유일무이한 1만 개의 NFT로 소개되었다.

BAYC가 무엇인지 알기 위해서는 먼저 NFT에 대한 이해가 필요하다. NFT는 대체 불가능 토큰이라는 명칭 그대로, 대체할 수 없다는 특성을 지닌 암호 화폐의 일종이다. 여기서 '대체 불가능'이라는 단어의 의미를 파악하려면 반대 개념인 대체 가능 토큰Fungible Token을 떠올려 보는 것이 도움이 된다.

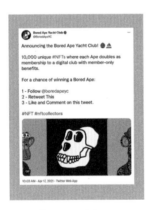

ⒸBAYC 트위터

이제는 대중들에게도 익숙한 비트코인Bitcoin이나 이더리움 등의 일반적인 암호 화폐를 대체 가능 토큰이라고 한다. 하나의 비트코인은 다른 하나의 비트코인과 동일하며 서로 대체될 수 있다. 또한 하나의 비트코인은 여러 조각으로 나뉠 수 있으며 다른 비트코인에서 나누어진 조각들과 섞여 또 하나의 비트코인을 이룰 수 있다. 그러나 NFT는 하나의 NFT가 다른 하나의 NFT와 대체될 수 없고, 여러 조각으로 나누어질 수도 없다. BAYC의 소개처럼 각각의 NFT는 유일무이하다.

BAYC 출범 이전에도 NFT는 활용되고 있었다. 유즈 케이스(Use Case·활용 사례) 중 가장 널리 알려진 사례는 '크립토키티CryptoKitties'일 것이다. 크립토키티는 캐나다 밴쿠버 소재의 회사 '액시엄 젠Axiom Zen'이 2017년 11월에 출시한 세계 최초의 블록체인 게임 중 하나다. 현재는 액시엄 젠에서 분사

크립토키티의 Dragon ⓒOpenSea 홈페이지

한 '대퍼랩스Dapper Labs'가 운영 중이다. 크립토키티 유저는 고유한 외모와 특성을 가진 새끼 고양이들을 수집하고 교배해 새로운 고양이를 탄생시킬 수 있다. 만약 새로운 고양이가 희귀한 속성을 가졌다면 높은 가격에 거래될 확률이 높다. 역대 최고가에 거래된 고양이는 '드래곤Dragon'이라는 이름의 고양이로 거래 가격은 무려 600ETH에 달했다. 2022년 6월 8일 기준으로 1ETH은 230만 원선이니 한화로는 14억 원에 달한다. 엑시엄 젠은 이 고양이들을 NFT 형태로 제작함으로써 유저들에게 복제와 삭제가 불가능한 고양이를 완전히 소유하고 거래하는 경험을 선사했다.

NFT는 게임 외에도 수집품Collectibles이나 예술 등 다양한 분야에서 활용됐다. 크립토키티는 게임이지만 그 고양이들은 일종의 수집품으로도 볼 수 있다. 수집품으로 유명한 NFT로는 대퍼랩스가 출시했던 'NBA 탑 샷Top Shot'이 있다. 대퍼랩스는 미국 농구 리그인 NBA의 명장면을 NFT 기반의 스포츠 카드로 만들어 판매했다.

BAYC는 그 중에서도 프로필 사진으로 활용할 수 있는 PFP NFT에 해당한다. NFT 시장 데이터 분석 플랫폼인 'NFTGO'가 제공하는 도표를 통해 확인할 수 있듯, PFP NFT는 모든 NFT 사용처 중에서 압도적으로 높은 시가 총액Market Capitalization과 거래량을 보여 주고 있다.

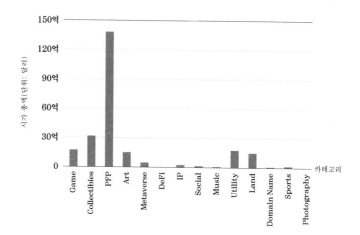

NFT 카테고리별 시가 총액 (2022년 7월 초 기준)

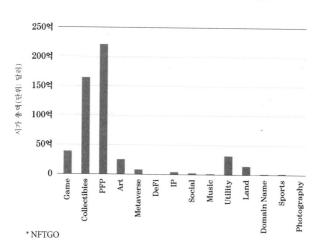

NFT 카테고리별 누적 거래량 (2022년 7월 초 기준)

* NFTGO

이제는 국내에서도 PFP NFT 홀더(Holder·보유자)들이 트위터나 페이스북 등의 소셜 미디어에서 PFP NFT 이미지를 프로필 사진으로 사용하는 모습을 쉽게 찾아볼 수 있다. 세계 최초의 PFP NFT 프로젝트는 '라바랩스Larva Labs'[5]가 2017년 6월에 출시한 '크립토펑크CryptoPunks'[6]였다. 출시 당시에는 크게 주목받지 못했으나 NFT 시장이 성장하면서 최초이자 최고의 PFP NFT로 자리매김했고 우리나라 언론에도 자주 소개됐다.

초기 크립토펑크는 대체 가능 토큰을 만들 때 사용되는 'ERC-20 프로토콜'을 수정한 형태였다.[7] ERC는 'Ethereum Request for Comment'의 약자로 이더리움 블록체인에서 발행되는 토큰의 표준 규약이다. 그중 ERC-20은 이더리움 토큰의 공통 규칙을 정의하고 주소 간 토큰 전송법과 토큰 내 데이터 접근법 등을 담고 있다. 크립토펑크의 등장은 현재 이더리

CryptoPunk ©OpenSea 홈페이지

움 기반의 NFT 프로젝트들이 일반적으로 사용하는 'ERC-721 프로토콜'의 개발에 영감이 되었다.

크립토펑크가 PFP NFT의 시초였다면 BAYC는 PFP NFT에 멤버십 등의 유틸리티(Utility·유용성)를 도입해 지금과 같은 모습의 PFP NFT 시장을 만들었다. 이러한 BAYC의 방향성은 앞서 소개한 첫 번째 트윗에서부터 드러난다. BAYC는 첫 번째 멤버 특전으로 'THE BATHROOM(화장실)'을 소개했는데, 이는 BAYC 홀더들만 그릴 수 있는 가상의 그래피티 보드였다. 또한 로드맵을 통해 계획하고 있는 멤버십 혜택을 소개했다. 그 내용은 홀더 전용 상품 스토어 이용, 증정품 및 'Mutant Apes(돌연변이 원숭이들)' NFT를 제공하는 것 등이었다.

이러한 BAYC를 만든 회사가 유가랩스다. 공동 창업자

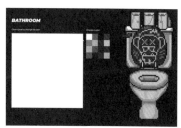

THE BATHROOM ⓒBAYC 트위터

창업자 소개 페이지 ⓒBAYC 홈페이지

는 네 명으로 모두 가명을 사용하고 있다. BAYC 홈페이지에 기재된 순서대로 가가멜Gargamel, 고든 고너Gordon Goner, 엠페러 토마토 케첩Emperor Tomato Ketchup, 노 사스No Sass다. 유가랩스는 2021년에 설립되었으며 미국 플로리다주 마이애미에 위치해 있다.

요트 클럽의 삶을 상상하다

이들의 창업 스토리는 가가멜과 고든 고너가 2021년 7월에 미국 주간지《더 뉴요커The New Yorker》, 10월에 암호 화폐 전문 매체《코인데스크Coindesk》와 가진 인터뷰에서 소개된 바 있다. 가가멜과 고든 고너는 모두 마이애미 출신이다. 한 다리 건너 친구 사이였던 둘은 20대 초반에 마이애미의 한 바에서 만나 미래를 함께 고민하기 시작했다. 그들은 문예 창작Creative Writing 전공으로 MFAMaster of Fine Arts 과정에 함께 등록했는데, 가가멜 은 학위를 받았으나 고든 고너는 건강상의 이유로 자퇴했다.

그들은 2017년에 암호 화폐를 처음 구입한 후 암호 화폐 시장에 더 깊게 관여하고자 했다. 하지만 투자자도, 트레이더도, 개발자도 아닌 둘에게는 시장 진입이 쉽지 않았다. 가가멜은 작가 겸 에디터로, 고든 고너는 단타 위주의 주식 투자자를 뜻하는 '데이 트레이더'로 파트타임 일을 하며 방안을 모색해 나갔다. 그러던 중 NFT 프로젝트 '해시마스크Hashmasks'의 성공[8]을 지켜보면서 자신들의 창의성을 활용할 수 있을 것으로 보이는 NFT 시장에 뛰어들었다.

그들이 처음부터 BAYC를 기획한 것은 아니었다. 초기 아이디어는 커뮤니티에 합류한 누구나 그림을 그릴 수 있는 디지털 캔버스였다. 첫 번째 특전이었던 THE BATHROOM은 사실 BAYC의 전신이었던 셈이다. 그러나 고든 고너의 친구는 디지털 캔버스에 낙서만 가득할 것이라고 예측했고, 그들은 방향을 틀었다. 역시나 THE BATHROOM은 낙서장으로 활용됐다.

몇 가지 시행착오를 거쳐 나온 아이디어가 BAYC였다. 시작은 작은 질문이었다. 가가멜과 고든 고너는 만약 초기 암호 화폐 투자자로 억만장자가 된다면 어디를 가고 싶은지를 자문했다. 그들의 답은 어린 시절 좋아했던 것들로 채워진 공간이었다. 암호 화폐 투자로 부자가 된 이들도 둘의 답과 크게 다르지 않은 삶을 보내고 있었다. 해변가에서 모델들과 함께

해시마스크의 오픈씨 배너 이미지 ⓒOpenSea 홈페이지

놀기보다는 대부분 친구들과 시간을 보냈다. 가가멜과 고든 고녀는 이러한 바람을 충족해 줄 클럽을 만들기로 했다. 그들은 어린 시절 뛰어놀았던 공간을 떠올려 이 클럽을 늪가에 위치한 요트 클럽으로 상상했다. 그리고 클럽의 주인은 원숭이들Apes로 정했다. 암호 화폐 투자자들이 사용하는 은어 중에 하나인 "aping in(새로운 암호 화폐나 NFT를 깊은 고민 없이 사는 행위)"을 따와 원숭이Ape 캐릭터를 만들었다.

가가멜과 고든 고녀는 BAYC의 아이디어를 떠올린 후 팀에 그들의 프로그래머 친구인 엠페러 토마토 케첩과 노 사스를 합류시켰다. 이렇게 유가랩스의 창업자 네 명이 모였다. 이어서 그들은 프로젝트의 그래픽 파트를 담당할 일러스트레이터들을 고용했다. 이들을 고용한 비용은 4만 달러 정도였는데 유가랩스의 초기 비용 중 가장 큰 비중을 차지했다. 이로써 유가랩스는 BAYC를 출범시킬 준비를 마쳤다.

지금 시점에서 결과물만 놓고 봤을 때, 누군가는 장난스러운 이름을 단 기괴한 원숭이 캐릭터 NFT가 그저 운 좋게

시기를 타서 성공했다고 말할 수도 있다. 크게 틀린 말은 아닐지도 모른다. 하지만 유가랩스조차 디지털 캔버스를 포함해 몇 차례 실패를 겪었다. NFT 사업은 흥행 산업의 특성을 지니고 있다. 흥행 산업에서 성공을 거둔 이들이 공통적으로 하는 말이 있다. "까 보기 전에는 모른다"는 것이다. 유가랩스는 2017년부터 끊임없이 주사위를 던졌고, 마침내 BAYC라는 주사위가 성공 위로 안착했다.

무엇보다 주목해야 할 것은 유가랩스가 웹3.0 시장의 그 누구보다도 잠재 고객이 원하는 바를 파악하기 위해 노력했고 잘 해냈다는 것이다. PFP NFT 프로젝트 운영 팀의 핵심 역량 중 하나는 커뮤니티가 원하는 것을 읽는 역량이다. BAYC의 꾸준한 차별화와 그로 인한 성공은 이 역량에 기반을 두었을 것이다.

2 BAYC의 네 가지 차별화 요인 ;
2021년 5월~11월

유가랩스는 BAYC를 토큰 당 0.08ETH에 판매했다. 당시 기준으로 대략 20만 원이었다. 이후 BAYC의 바닥 가격Floor Price은 끝없이 치솟았다. 바닥 가격은 한 NFT 컬렉션 내에서 거래소에 리스팅된 매물의 가격 중 가장 낮은 가격을 뜻한다. 예를 들어, BAYC 1만 개 중에 100개가 거래소에 리스팅됐고 그중 가장 낮은 가격이 10ETH라면 이 가격이 바닥 가격이다. BAYC의 바닥 가격이 상승한 데에는 여러 가지 원인이 있을 것이다. 그중 다른 PFP NFT들과 BAYC를 구별 지은 네 가지 요인을 주목할 필요가 있다.

앞에서 언급했듯 BAYC는 멤버십 기능, 즉 유틸리티를 최초로 도입했다. BAYC는 홀더들에게 BAYC 구매 비용 대비 월등한 가치의 멤버십 혜택을 제공해 왔으며 이를 통해 기존 홀더들의 이탈을 막았다. 동시에 외부의 잠재 고객들에게 BAYC 커뮤니티 합류에 대한 FOMO(Fears of Missing Out·놓치거나 제외되는 것에 대한 두려움)를 불러일으켰다.

또한 BAYC는 홀더들에게 그들이 보유한 NFT 이미지에 한해 상업적 사용권Commercial Use을 부여했는데, 이는 홀더들이 스스로 BAYC의 파생 프로젝트Derivative Project를 론칭하는 계기가 되었다. 파생 프로젝트들은 BAYC의 콘텐츠를 확충하는 한편 BAYC의 브랜드 매력도를 제고하는 데에 기여했다.

다음으로 BAYC는 웹3.0 시장에 그치지 않고 다양한 기업들과 협업을 진행했다. 상당한 대중화를 이룬 암호 화폐 시장과는 달리, 아직은 대중에게 낯선 NFT를 널리 알리기 위해서였다. BAYC는 특히 '아디다스'와 협업해 NFT를 발행하여 잠재 고객의 저변을 넓혔고, 동시에 웹3.0 시장에서 선구자로서의 이미지를 굳힐 수 있었다.

끝으로 BAYC 커뮤니티에는 글로벌 셀럽들이 참여하고 있다. 이들이 자신들의 소셜 미디어 프로필 이미지를 BAYC로 교체할 때마다 BAYC의 브랜드 가치는 더욱 단단해졌다. 세계 최고의 셀럽들이 앞다퉈 가입하는 클럽인데 전 세계에서 단 1만 명만이 가입할 수 있다. 만약 당신이 지금 BAYC를 구매하기에 충분한 재력이 있다면 구입을 마다할 이유가 있을까?

지금부터는 이 네 가지 요인을 중심으로 BAYC의 성장기를 살펴보려 한다. 이를 통해 BAYC의 바닥 가격이 상승한 이유와 NFT 컬렉터가 NFT를 구매하는 이유에 대해서도 답을 찾을 수 있을 것이다.

모든 멤버는 VIP다

BAYC는 사전 판매Pre-sale 기간부터 잠재 고객들에게 BAYC를 사는 것은 단순히 어떤 수집품을 구매하는 것이 아니라 클럽의 멤버십을 획득하는 것임을 강조했다. 또한 그들이 멤버로 합류한다면 어떤 혜택을 받을 수 있는지 반복해서 보여 줬다.

BAYC의 첫 번째 홀더 전용 상품들 ⓒBAYC 트위터

BAYC가 홀더들에게 첫 반년간 제공한 주요 혜택들을 살펴보자. BAYC는 먼저 자신들의 로드맵에 따라 멤버 전용 스토어부터 공개했다.

2021년 6월에는 이더리움 기반 샌드박스형 게임 '샌드박스Sandbox'9와의 파트너십 체결을 발표하면서, BAYC가 보유한 샌드박스 토지에 BAYC 홀더만 입장할 수 있는 클럽 하우스를 개설할 계획임을 밝혔다. 그리고 BAYC 홀더들에게 또다른 샌드박스형 게임 '디센트라랜드Decentraland'에서 3D 아바타가 착용할 수 있는 후드 티셔츠 NFT를 에어드롭(Airdrop·무료 제공)하기도 했다. 이 두 게임은 흔히 메타버스 플랫폼으로 알려진 형태의 게임이다.

같은 달 18일에는 홀더들에게 'BAKC(Bored Ape Kennel Club·보어드 에이프 켄넬 클럽)'를 무료로 획득할 기회를 제공했

BAKC #1902 ©OpenSea 홈페이지

다. 강아지 집을 의미하는 켄넬Kennel이라는 단어와 위에 강아지 이미지를 보면 추측할 수 있듯, BAKC는 강아지 이미지를 담은 NFT이다. BAKC는 BAYC 원숭이들에게도 반려동물이 필요하다는 콘셉트였다.

BAKC의 무료 제공은 프로젝트 성공의 결실을 독차지하지 않고 홀더들과 나누겠다는 유가랩스의 의지를 엿볼 수 있는 사례다. 유가랩스는 BAKC를 무료로 제공했을 뿐 아니라 2차 거래에서 발생하는 로열티 수수료도 처음 6주 동안만 수취했다. 6주간 수수료로 거래 금액의 2.5퍼센트를 받았는데 이마저도 동물 보호 단체에 전액 기부했다.[10] 6주 후에는 수수료를 완전히 없앴다. PFP NFT 프로젝트의 수익 발생과 배분 구조를 이해한다면 BAKC의 사례가 더욱 의미 있게 다가올 것이다.

PFP NFT 프로젝트는 크게 세 가지 수익 모델을 가지고

PFP NFT 프로젝트 수익 모델

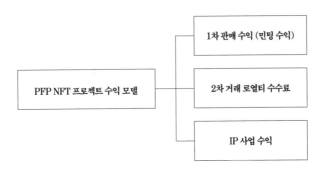

있다. 먼저 '민팅Minting'이라 불리는 1차 판매 수익이다. 이 수익은 PFP NFT 프로젝트의 매출에서 가장 큰 비중을 차지한다. 벤처 캐피털 등으로부터 별도의 자금을 유치하지 않은 대다수의 프로젝트는 민팅 수익으로 운영 비용을 충당한다. 일부 프로젝트들은 첫 번째 NFT 컬렉션 판매 후 신규 컬렉션을 추가 판매하여 민팅 수익을 늘리기도 한다. 유가랩스 또한 BAYC 판매 후 뒤에서 소개할 'MAYC(Mutant Ape Yacht Club · 돌연변이 원숭이 요트 클럽)'등의 신규 NFT 컬렉션을 계속해서 추가 판매하고 있다. 하지만 이와 같이 프로젝트 극초기에 수익의 대부분이 발생하는 사업 구조로 인해 PFP NFT 시장에는 고질적인 문제가 존재한다. 프로젝트 운영 팀이 사전에 비용을 제대로 산정하지 못해 실제 운영 과정에서 자금난에 봉

착한다거나, 최악의 경우 민팅 이전에 약속했던 로드맵을 이행하지 않고 잠적해 버리는 경우도 발생한다. 이를 '러그풀rug pull'이라 부른다. 러그 풀은 러그를 당겨 빼버린다는 뜻으로 웹3.0 업계에서 속된 말로 '먹튀' 혹은 사기를 의미한다.

다음은 2차 거래 로열티 수수료다. NFT 시장이 기존 예술 시장과 다른 점 중 하나는 작품이 2차 시장, 즉 세컨더리 마켓Secondary Market에서 거래되었을 때 NFT를 처음 제작한 아티스트가 해당 거래 금액의 일정 비율을 수수료로 수취할 수 있다는 점이다. 이 수수료가 2차 거래 로열티 수수료다. 수수료율은 아티스트들이 언제든지 직접 설정하고 변경할 수 있다. 2차 거래상의 자금의 흐름을 조금 더 자세히 살펴보자. 어떤 NFT 홀더가 세계 최대의 NFT 거래소 오픈씨에서 그가 보유한 NFT를 1ETH에 판매했다고 가정해 보자. 이때 홀더의 실제 수익은 1ETH에 미치지 못할 것이다. 왜냐하면 오픈씨가 거래 금액의 2.5퍼센트를 서비스 수수료로 가져가고, 해당 NFT를 발행, 즉 1차 판매한 프로젝트 운영 팀이 5퍼센트 내외의 2차 판매 로열티 수수료를 수취하기 때문이다.

2차 판매 로열티 수수료는 BAYC와 같은 블루칩 프로젝트들의 입장에서는 상당한 수익원이 되기도 한다. 하지만 대다수의 프로젝트는 민팅과 리빌reveal[11] 이후 NFT 컬렉션의 가격이 하락하고 거래량이 줄기 때문에 유의미한 수익이 되

오픈씨의 NFT 거래 구조

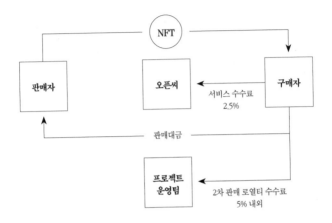

지 못한다.

마지막은 IP 사업 수익이다. NFT 프로젝트를 운영하는 팀은 보유 IP(Intellectual Property·지적 재산권)를 바탕으로 굿즈 또는 콘텐츠 사업 등을 전개해 수익을 창출할 수 있다. 지금은 앞서 소개한 두 가지 수익 모델에 비해 비중이 매우 작은 편이나 향후 NFT 산업의 전개 양상에 따라 비중이 무한히 커질 수 있다. 유가랩스는 BAKC의 민팅 수익뿐만 아니라 2차 거래 로열티 수수료까지 완전히 포기했다. 대신 그만큼의 금전적 혜택을 온전히 BAYC 홀더들에게 돌려 커뮤니티 충성도를 제고했다.

BAKC 배포로부터 두 달여 후인 2021년 8월 29일, 유가랩스는 BAYC 프로젝트 초기부터 공언해 왔던 MAYC의 론칭을 알렸다. 유가랩스는 BAYC 론칭 단계부터 추가 회원 모집을 위한 새로운 NFT 컬렉션을 발행할 필요가 있다고 예상했던 것 같다. MAYC는 BAYC 다음의 세컨 티어Second Tier 멤버십으로서 둘의 홀더 전용 혜택에는 차이가 있다. 홀더들에게 제공되는 상품도 MAYC 홀더와 BAYC 홀더가 모두 수령할 수 있는 것과 BAYC 홀더만 수령할 수 있는 것이 구분되어 있다. 이같이 등급을 구분하는 조치는 멤버십 공급량의 확대로 인해 BAYC의 가치가 희석되는 사태를 방지하기 위한 것으로 보인다.

앞서 소개했듯이, BAYC의 바닥 가격은 민팅 이후 줄곧 상승했는데, 이로 인해 두 가지 문제가 발생했다. BAYC 홀더들은 바닥 가격 상승으로 자산이 증가했으나 상승분의 차익 실현을 위해서는 그들의 BAYC를 2차 거래 시장에서 판매하고 클럽을 떠나야만 했다. 한편 BAYC 커뮤니티 외부에서는 BAYC를 초기에 구매하지 않았던 것을 후회하는 이들이 늘어났다. 유가랩스가 MAYC를 출시하던 시점에 BAYC의 가격은 이미 60ETH에 달했다. BAYC의 가입 문턱이 너무 높아진 것이다. 유가랩스는 BAYC 홀더들에게 그들의 BAYC를 판매하더라도 커뮤니티에 남을 수 있는 방안을 제공하는 한편, 잠재

MAYC #22770[12] ©OpenSea 홈페이지

고객들의 커뮤니티 진입 장벽을 낮출 방안을 모색했다. 이에 따라 총 2만 개의 MAYC를 판매하되, 절반은 BAYC 홀더들에게 에어드롭하고, 나머지 절반은 자격 조건 없이 누구나 구매할 수 있는 퍼블릭 세일Public Sale 형태로 판매했다. 퍼블릭 세일 가격은 당시 BAYC 가격의 20분의 1 수준인 3ETH였다. 이후, MAYC의 바닥 가격은 한 때 40ETH까지 치솟았으나 2022년 6월 초 기준, 20ETH에 약간 못 미치는 수준이다.

유가랩스가 홀더들에게 MAYC를 에어드롭한 방식도 일반적인 토큰 에어드롭과는 달랐다. 유가랩스는 홀더들에게 세럼(Serum·혈청)이라는 NFT를 BAYC 토큰당 한 개씩 에어드롭하고 홀더들이 수령한 세럼을 그들의 BAYC에 사용하면 MAYC를 추가로 지급하는 방식을 취했다. 마치 MMORPG 게임에서 캐릭터에 아이템을 적용하는 듯한 느낌을 줬다. 세럼은 M1, M2, Mega Mutant(M3)라는 세 가지 티어로 구분되는데, 각각의 개수는 순서대로 7500개, 2492개, 8개였다.

세럼은 1회용인데 그 안에서도 티어가 구분되다 보니 일부 홀더들은 에어드롭으로 받은 세럼을 그들의 BAYC에 적용하지 않고 오픈씨에서 판매하기도 했다. 미사용 상태로 남은 두 개의 M3 중 하나는 2022년 1월 2일에 1542ETH으로 한화 65억 원(당시 1ETH는 420만 원)에 거래돼 화제가 됐다. 유가랩스는 이후에도 이와 같이 낮은 티어의 NFT를 추가 판매하여 신규 멤버를 늘려 나갔다. 일각에서는 이러한 행보가 후속 투자자의 투자금을 기존 투자자에게 수익금으로 돌려주는 폰지 사기와 다름없다고 부정적으로 평하고 있다.

2021년 10월, 유가랩스는 NFT 업계 최대 행사인 NFT.NYC 2021 기간에 맞춰 미국 뉴욕에서 APE FEST를 개최했

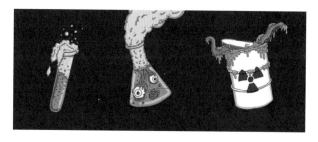

M1, M2, Mega Mutant Serum ⓒOpenSea 홈페이지

다. 디스코드와 트위터 중심이었던 그들의 활동 공간이 오프라인으로 확장된 것이다. 이는 BAYC 커뮤니티가 온라인에서 보여준 열기를 현실 세계로 옮겨 오는 한편, 커뮤니티의 유대를 더욱 강화하는 효과를 낳았다. APE FEST는 BAYC의 멤버십이라는 유틸리티를 잘 보여 주는 사례다. APE FEST는 BAYC 및 MAYC 홀더들만 참여할 수 있었으며, 축제FEST라는 타이틀에 걸맞게 다채로운 프로그램을 제공했다. 프로그램의 수준 또한 전체 NFT 커뮤니티를 놀라게 했다. APE FEST 기간 동안 트위터, 디스코드, 텔레그램 등 NFT 컬렉터들이 주로 사용하는 소셜 미디어에는 APE FEST 참가자들의 영상과 사진이 넘쳐났는데 이는 BAYC, 나아가 새로운 블루칩 PFP NFT 프로젝트에 대한 FOMO를 불러일으켰다.

　　핼러윈 데이인 10월 31일에는 뉴욕 소호에 위치한 '브라이트 모먼트 갤러리Bright Moment Gallery'에서 'APED NYC'라는 행사가 열렸다. 오후에는 BAYC 홀더 커뮤니티의 아티스트들이 전시회와 경매를 진행했고, 이후 코스튬 콘테스트와 핼러윈 파티가 열렸다. APE FEST는 다양한 행사로 구성됐다. 같은 날 저녁, 뉴욕 맨해튼에 위치한 '피어 40'[13]에서 출발한 요트에서는 Bored Ape Yacht Club이라는 이름에 걸맞은 선상 파티'APE FEST YACHT PARTY'가 열렸다. 발행된 티켓 1000장은 APED NYC에 참석한 BAYC와 MAYC 홀더에게 선착순으로 무료 지급되었다. 다만 지급 수량의 차이가 있었다. BAYC 홀더들에게는 500장이 배정되었으나 MAYC 홀더들에게는 절반인 250장만 배정되었다. 나머지 250장은 750명의 홀더 중 먼저 도착한 250명에게 한 장이 추가 제공되는 형태로 배포됐다. BAYC와 MAYC 홀더만이 행사에 참가할 수 있었고, 상위 티어 멤버십인 BAYC에 더 많은 혜택이 돌아간 것이다.

BAYC는 다음 날인 11월 1일부터 11월 2일까지 양일 동안은 팝업 상품점인 'APE FEST MERCH POP-UP'을 운영했고, 11월 3일에는 뉴욕 브루클린에서 창고 파티인 'APE FEST WAREHOUSE PARTY'를 개최했다. 이 파티에는 1800명이 입장할 수 있었는데, 역시 BAYC와 MAYC 홀더들에게는 티켓을 무료로 배포했으며 남은 티켓은 일반인들에게도 판매했다. 이 티켓 또한 선착순으로 판매되었기 때문에 행사 당일 행사장 건물을 둘러싸고 늘어선 대기 행렬이 큰 화제가 됐다. 마지막으로 11월 4일에는 VIP 자선 저녁 식사 행사인 'APE FEST VIP CHARITY DINNER'가 있었고 오직 50명의 홀더만이 참여할 수 있었다.

BAYC의 1차 판매 기간에 토큰 하나를 0.08ETH에 구매했다고 가정해 보자. 무엇보다도 BAYC의 바닥 가격이 60ETH로 증가함에 따라 이 투자는 이더리움 개수 기준으로 약 7만

5000퍼센트의 수익률을 기록한 게 된다. 그런데 이것으로 끝이 아니다. 투자자는 BAYC 홀더로서 홀더 전용 스토어에서 상품을 구매하거나, 전용 상품을 에어드롭 받을 수 있으며, NFT 컬렉터라면 누구나 참여하고 싶어하는 멤버 전용의 온·오프라인 이벤트에 무료로 입장할 수 있다. 또한 BAKC[14]와 MAYC라는 최소 몇 백에서 몇 천만 원 가치의 새로운 NFT 컬렉션을 무료로 지급받는다. BAYC의 가치 상승과 별개로 BAYC를 구매하기 위해 지불했던 0.08ETH보다 월등한 가치의 혜택을 제공 받은 것이다.

이 같은 BAYC의 혜택은 초기 비용에 비해 월등한 혜택을 제공한다는 점에서 아마존 프라임 멤버십이나 신용 카드를 연상시키기도 한다. 아마존 프라임 멤버십 회원들은 주로 무료 배송 서비스를 제공 받기 위해 멤버십에 가입하는 것으로 알려져 있다. 하지만 아마존은 무료 배송 뿐 아니라 아마존 프라임 비디오, 뮤직, 포토, 트위치 등의 서비스를 전체 또는 부분 무료로 제공하며 가입 대비 큰 혜택을 준다. 이 혜택으로 인해 회원들은 아마존 생태계를 떠나기 어렵다. 유가랩스 또한 BAYC 홀더들에게 민팅 금액보다 월등한 가치의 혜택을 제공해 커뮤니티 멤버들의 지지를 이끌어 내고 있다. 한편 신용 카드 업계는 고객 유치를 위해 치열한 혜택 경쟁을 벌이는 것으로 유명하다. BAYC 출범 이후 등장한 PFP NFT 프로젝트들이 각자의 멤버십 혜택을 경쟁적으로 홍보하는 모습은 신용 카드 업계와 닮아 있다. 다만 많은 경우 혜택들이 천편일 률적인 수준에 머물러 있다. 향후 BAYC와 같이 차별화에 성 공하는 프로젝트만이 암호 화폐 시장의 침체기, 크립토 윈터 Crypto Winter에서도 살아남을 수 있을 것이다.

프리 투 유즈, 마음대로 사용하세요

BAYC는 공식 웹 사이트의 약관Terms and Conditions 페이지 내 소 유권Ownership 항목에서 홀더들에게 각자 보유한 NFT에 한해 상업적 사용권을 부여한다고 명시했다. 이는 유가랩스가 아 닌 홀더들이 자체적으로 주도하는 다양한 파생 프로젝트의 출범을 이끄는 계기가 됐다. 간혹 NFT를 구매하면 저작권을 이전받는 것으로 오해하는 경우가 있는데 이는 사실이 아니 다. 일반적으로 NFT를 구매하면 해당 NFT의 소유권만을 이 전받는다. 상업적 사용권 또한 이와 별개의 개념으로 프로젝 트마다 부여하는 범위에 차이가 있다. BAYC는 상업적 사용 권을 무제한으로 부여한 경우다.

일부 홀더는 그들의 BAYC와 MAYC를 기존에 운영해 왔던 F&B(Food & Beverage·식음료) 브랜드에 접목하거나 신 규 브랜드를 론칭했다. 2021년 9월에는 '큐 브루Cue Brew'라는 커피 로스팅 업체가 BAYC #3433을 캐릭터로 내세워 원두커

피를 판매하기 시작했다. BAYC 홀더들이 열성적으로 구매해 준 덕분에 첫 번째 버전의 BAYC #3433 원두커피는 완판됐고 현재는 두 번째 버전을 판매하고 있다.

미국 미시간에 위치한 '노스 피어 브루잉NORTH PIER BREWING'은 2021년 7월 'Bored Ape IPA' 맥주를 출시했다. 노스 피어 브루잉의 주인 제이 페티그Jay Fettig는 BAYC #671 과 #2538을 보유하고 있었다. 어느 날 트위터에서 한 BAYC 홀더가 다른 홀더들에게 보어드 에이프 브루잉 컴퍼니Bored Ape Brewing Company를 만들어 볼 것을 제안했고, 제이 페티그가 자신이 브루어리를 운영하고 있다며 실행에 옮겼다.

이는 차후에 다른 사업 영역으로도 확장된다. 미국 캘

노스 피어 브루잉NORTH PIER BREWING의 'Bored Ape IPA'
ⒸNORTH PIER BREWING 홈페이지

Cuebrew 커피 ©FonzGm 트위터

리포니아 롱비치에서는 2022년 4월 21일부터 90일간 '보어
드 앤 헝그리Bored & Hungry'라는 햄버거 가게가 운영되고 있다.
F&B 분야에서 수차례 창업을 해왔던 앤디 응우옌Andy Nguyen
은 BAYC #6184와 MAYC 두 개를 약 3억 원에 구매했고 이
를 이용한 팝업 레스토랑을 기획했다. 그는 패션지 '하입비스
트HYPEBEAST'와의 인터뷰[15]에서 "대중에게 웹3.0 및 NFT에
대해 알리고 싶었고, NFT가 단순히 JPEG 이미지가 아니라
그 IP를 활용하여 브랜드나 사업도 전개할 수 있음을 보여 주
고 싶었다"고 밝혔다. 보어드 앤 헝그리는 토큰 프루프Token
Proof라는 토큰 기반의 인증 서비스를 활용하고 있는데, QR 코
드를 찍어 고객의 암호 화폐 지갑인 메타마스크MetaMask[16]를
스캔하고 지갑 속에 유가랩스가 만든 코인인 '에이프코인

APE FEST 2022에서의 보어드 앤 헝그리와 보어드 타코

ApeCoin`, BAYC, MAYC, BAKC 등의 보유 여부에 따라 차별화된 무료 콤보 메뉴를 제공한다. 또한 이더리움이나 에이프코인으로 식사 비용을 지불할 수 있다.

보어드 앤 헝그리는 APE FEST 2022 기간에 BAYC와 MAYC 홀더들에게는 버거를 무료로 제공하여 BAYC 커뮤니티에 또 하나의 멤버십 혜택을 제공했다. 보어드 앤 헝그리는 또한 '보어드 타코Bored Taco'라는 이름의 타코 브랜드와 '닥터 봄베이의 달콤한 탐험Dr. Bombay's Sweet Exploration'라는 아이스크림 가게를 선보였다. 닥터 봄베이의 달콤한 탐험은 유명 래퍼 스눕 독Snoop Dogg과 협업하여 만든 것으로 알려졌다. 보어드 앤 헝그리는 곧 한국에도 진출한다. 세계 두 번째 매장이 서울 강남구에 열릴 예정이라고 하니 한번 방문해 보는 것도 좋겠다.

또한 앞서 소개한 프로젝트들을 발판 삼아 앤디 응우옌과 그의 팀은 '푸드 파이터스 유니버스Food Fighters Universe'라는

NFT 프로젝트를 론칭하기도 했다. 푸드 파이터스 유니버스는 세계 최초의 NFT 레스토랑 그룹을 자처하고 있다. 총 발행되는 토큰은 1만 개로 구성되어 있으며 홀더에게는 매달 무료 음식이 제공된다. 또한 홀더 전용 이벤트와 숨은 레스토랑 방문, 추가 NFT나 상품을 받을 수 있다.

국내에서는 BAYC #6711을 보유한 홀더가 2022년 5월 27일부터 2주간 강남 코엑스에서 '덕덕덕 베이커리'와 협업하여 '키키 도넛KiKi Donuts'이라는 도넛 가게를 운영하기도 했다. 키키 도넛은 BAYC와 MAYC 홀더들에게는 도넛을 무료로 제공했다. 이외에도 와인, 스파클링 워터, 애리조나 티Tea와 같이 음료 사업을 전개하는 홀더도 있다.

BAYC의 파생 프로젝트는 음반 업계에서도 탄생했다. 유명 NFT 투자자 지미 맥넬리스Jimmy McNelis는 2021년 11월 자신이 보유한 BAYC 중 네 개를 이용하여 유니버설 뮤직 그

룹Universal Music Group의 레이블 '10:22PM'과 함께 '킹십KINGSHIP'
이라는 이름의 밴드를 결성했다. 이는 마치 최초의 가상 밴드
인 '고릴라즈Gorillaz'나 게임 '리그 오브 레전드LoL'의 캐릭터
들로 만들어진 가상의 걸그룹 'K/DA'를 연상시킨다. 킹십은
실제 뮤지션들처럼 음악을 녹음하는 한편 메타버스 공간에서
공연도 할 예정이다.

　　같은 달에 미국의 유명 음악 프로듀서 팀발랜드Timbaland
가 직접 BAYC를 구매하고 몇 명의 BAYC 홀더와 'AIPApe-In
Production'라는 엔터테인먼트 회사를 설립했다. 이들은 BAYC
6개로 구성된 힙합 그룹 '더 주TheZoo'를 첫 번째 아티스트로
계약했다. 더 주는 현재까지 〈APESH!T〉, 〈TAKE OFF〉,
〈ROLL CALL〉이라는 제목의 음악 세 곡을 발표했으며,
〈APESH!T〉는 뮤직비디오도 공개했다. 이 뮤직비디오에는

Kingship ⓒ유니버설뮤직 홈페이지

더 주(TheZoo)의 멤버들 ⓒAIP 홈페이지

BAYC의 또 다른 파생 프로젝트 '젠킨스 더 발렛Jenkins The Valet' 의 젠킨스도 출연하여 BAYC 커뮤니티의 주목을 끌었다.

BAYC의 파생 프로젝트를 논할 때 앞서 언급한 젠킨스 더 발렛을 빼놓을 수 없다. 2021년 5월 23일, BAYC 출범으로부터 불과 한 달 후 'Jenkins The Valet'이라는 트위터 계정이 짧은 소설을 담은 네 장의 이미지를 업로드했다. 젠킨스는 이 소설의 주인공이었고 그의 직업이 요트 클럽의 주차 요원인 '발렛Valet'이었다. 젠킨스 더 발렛은 BAYC 홀더이자 오랜 친구 사이였던 젠킨스와 사파SAFA가 공동 창업한 탈리랩스Tally Labs에 의해 쓰인 소설이다.

젠킨스는 BAYC #1798에 자신의 이름을 붙이는 한편, BAYC #1798의 평범한 외모에서 착안하여 요트 클럽의 발렛

Jenkins The Valet 🥂 **Is Feeling Bore...** @jenkinsth... · May 23, 2021 •••
I learned that the most important skill for a Valet at the #BAYC is discretion.
I excelled at my job and never uttered a word of what I saw. Now, there is so
much intrigue around @BoredApeYC I've decided to ape in and tell the
stories of the most fascinating apes I've worked for.

how naive I was when I started out. I
assumed I'd pick boats up, drop them off,
and collect ETH tips. I didn't know then what
I do now. My mother was right about rubbing
shoulders, and boy did I meet the most
fascinating bored apes.

There is an underbelly of valeting and it's
especially prominent in the Bored Ape Yacht

have the looks for those. No diamond grill or
blue beam eyes. I took inventory of my skills,
and I found that I could follow directions, stay
in the shadows, and look bored. When I saw
the listing for valet boy at the BAYC, I
pounced.

The application was easy - basically just a
boating test. I pulled into boat slips going
golden fur and black suits.

Over time, I learned that the most important
skill for a valet at the BAYC is discretion. I
excelled at my job and never uttered a word
about the happenings at the Yacht Club.
Now, however, there is so much intrigue
around these Bored Apes that the offers
keep coming in looking for a tell-all.

Jenkins The Valet의 첫 번째 소설 ©jenkinsthevalet 트위터

My mom cried when I got the job as valet at
the Bored Ape Yacht Club, one of the
preeminent social clubs for apes. She hooted
and grunted and peeled open one of our
finest bananas. "Jenkins," she said, "you're
going to rub shoulders with some of the
finest apes from around the world." I rolled
my eyes. She had a knack for embellishment,
and I was only going to be a valet after all.

I applied for the job as Valet at the BAYC
because I heard the patrons tipped well. My
crypto portfolio was down more than 50%
after buying the top, and I had a history of
panic selling. I vowed that this time would be
different and that I'd hold on for dear life.
However, that meant that I'd need a job.

Jenkins The Valet이 트위터에 업로드한 첫 번째 소설의 1페이지[17]
©jenkinsthevalet 트위터

이라는 설정을 더했다. 사실 BAYC #1798은 희귀도rarity가 높은 NFT는 아니다. 보통 1만 개 내외의 PFP NFT 컬렉션에서는 각 NFT들이 보유한 특성값trait에 따라 희귀도 순위가 1등부터 1만 등까지 계산되는데, 상대적으로 평범할수록 바닥 가격을 형성하는 NFT가 될 가능성이 높다. 탈리랩스는 BAYC #1798에 스토리를 입힘으로써 IP로서의 가치를 제고했다.

탈리랩스는 이후 트위터에 꾸준히 소설을 업로드하다가 젠킨스 더 발렛을 더 이상 트위터의 짧은 소설이 아니라 NFT와 실물 버전의 책으로 출판할 계획을 수립했다. 또한 출판물들을 탈리랩스가 단독 저술하기보다는 BAYC 커뮤니티 멤버들과 집단 창작할 방안을 마련했다. 탈리랩스는 '작가의 방The Writer's room'이라는 집단 창작을 위한 웹 사이트를 만들고 2021년 8월 해당 웹 사이트에 접근 권한을 가지는 동명의 멤

BAYC #1798, Jenkins The Valet ⓒOpenSea 홈페이지

버십 NFT를 판매했다. 이 NFT는 '요트Yacht', '발렛 스탠드Valet Stand', '발렛 키Valet Key', '발렛 티켓Valet Ticket'이라는 네 개의 등급으로 구성되어 있는데, 순서대로 69개, 297개, 1371개, 5205개가 판매됐다.

작가의 방은 크게 세 가지 멤버십 혜택을 제공한다. 우선 홀더들은 작가의 방 웹 사이트에서 투표[18]를 통해 콘텐츠 제작 방향에 의견을 제시할 수 있다.[19] 그 외에도 작가와의 타운홀 미팅을 통해서도 영향을 미칠 수 있다. 홀더가 만약 BAYC나 MAYC도 보유하고 있다면 라이센싱 계약을 통해 그들의 BAYC나 MAYC를 콘텐츠에 출연시킬 수 있다. 가장 높은 등급의 멤버십인 '요트'를 보유한 경우 주연으로, 다음 등급인 '발렛 스탠드'를 보유한 경우에는 조연으로 출연시킬 수 있다. 그 아래 등급인 '발렛 키'를 보유했다면 출간될 책에 포함되는 "Where's Jenkins('젠킨스를 찾아라': 90년대에 유행했던 게임인 '월리를 찾아라'와 같이 젠킨스를 찾는 게임)"에 출연시킬 수 있으며, 마지막 등급인 '발렛 티켓'을 갖고 있다면 감사

©jenkinsthevalet 홈페이지

의 글의 명단에 포함될 수 있다. 또한 발행 예정인 NFT 책을 무료로 제공받을 수 있고 멤버 전용 상품에 접근할 수 있다.

탈리랩스는 그들의 콘텐츠에 출연을 원하는 수천 명의 홀더와 일일이 라이센싱 계약을 체결했는데, 홀더들은 이 계약을 통해 미래에 그들의 NFT가 출연한 콘텐츠에서 발생하는 수익의 절반을 로열티로 배분받을 예정이다. 이 콘텐츠들이 출판물로 그치지 않고 TV 시리즈나 영화 등으로 확장된다면 홀더들에게 배분되는 수익은 더욱 커질 전망이다. 이와 같이 젠킨스 더 발렛은 트위터의 짧은 소설로 시작하여 BAYC 커뮤니티가 함께 만들고 소비하는 콘텐츠로 발전하고 있다. 창업자 젠킨스는 탈리랩스의 뉴스레터 플랫폼 '발렛 콘피덴셜Valet Confidential'과의 인터뷰에서 "탈리랩스는 커뮤니티가 만들고 소유하는 콘텐츠가 미래라고 믿고 있다"고 밝혔다.

2021년 9월, 탈리랩스는 미국 3대 에이전시 중 하나이자 영화 감독 스티븐 스필버그Steven Spielberg, 영화 배우 브래드 피트Brad Pitt, 가수 비욘세Beyonce와 저스틴 비버Justin Bieber 등이 소속된 'CAACreative Artists Agency'와 젠킨스의 계약을 체결했다. 이는 NFT 컬렉터들이 그들에게 부여된 상업적 사용권을 이상적으로 활용해 낸 사례였지만, 상업적 사용권 부여에 대한 BAYC와 크립토펑크의 대조적인 접근이 극명히 드러난 사례이기도 했다. 젠킨스가 CAA와의 계약 체결을 발표하기 며칠

전 크립토펑크를 만든 라바랩스는 또 하나의 미국 3대 에이전시 중 하나인 'UTAUnited Talent Agency'와의 파트너십 체결을 발표했다. BAYC가 홀더들에게 그들이 보유한 NFT의 상업적 사용을 전적으로 허용함으로써 BAYC의 파생 프로젝트인 젠킨스 더 발렛이 주체적으로 CAA와 계약을 체결할 수 있었던 반면, 크립토펑크는 홀더들에게 그들의 NFT의 상업적 사용을 제한적으로 허락해 왔고 에이전시와의 계약 또한 그들이 직접 체결한 것이다. 이러한 정책 차이는 몇 달 후 PFP NFT 시장에 뜻밖의 결과를 불러오게 된다.

탈리랩스는 이후 발표한 로드맵 2.0에서 오디오 미디어 회사인 '솔트SALT'와 협업해 젠킨스 더 발렛의 오디오북 버전도 준비하고 있다고 밝혔다. 그들은 2022년 5월 벤처 캐피털 'a16z(Andreessen Horowitz·앤드리슨 호로위츠)'의 크리스 딕슨Chris Dixon의 리드로 유수의 VC들로부터 시드 투자 금액 1200만 달러(150억 원)을 유치해 BAYC의 파생 프로젝트라는 위치를 넘어 독자적인 길을 걸어가고 있다.

탈리랩스는 상업적 사용에 대한 유가랩스의 과감한 정책에 부응해 그들의 창의성을 발휘했다. 그 결과 BAYC 커뮤니티에게 또 하나의 세계를 제공할 수 있었다. 세계관의 자연스러운 확장은 유가랩스가 그려왔던 BAYC의 모습이었다. 또한 젠킨스는 그리 높지 않은 희귀도를 갖고 있음에도 불구하고 내러티브를 통해 남다른 캐릭터가 됐다. 탈리랩스는 그를 바탕으로 사업화까지 해내는 사례를 보여 주며 다른 커뮤니티 멤버들에게도 새로운 길을 열어 준 셈이다. 덕분에 BAYC 세계관은 더 큰 확장을 위한 발판까지 마련했다.

앞서 소개한 파생 프로젝트들 외에도 BAYC 커뮤니티 내 아티스트들은 그들의 NFT를 바탕으로 파생 예술 작품을 만들어 전시회를 열기도 했고, 일부 홀더들은 POD(Print On Demand·맞춤형 인쇄)[20] 서비스를 이용하여 패션 브랜드를 론칭하거나 스케이트 보드를 만들었다. 나아가 BAYC 유니버스 소식을 전문적으로 전하는 인터넷 매체인 '더 보어드 에이프 가젯THE BORED APE GAZETTE'을 만들기도 했다.

현재는 BAYC를 따라 대다수의 PFP NFT 프로젝트가 홀더들에게 그들이 보유한 NFT에 한해 제한적이라도 상업적 사용권을 부여하고 있다. 이에 BAYC뿐만 아니라 다른 PFP NFT 프로젝트의 홀더들도 다양한 파생 프로젝트를 론칭하고 있다. 작가의 방과 같이 NFT 컬렉터들이 그들이 보유한 NFT를 손쉽게 라이센싱할 수 있는 서비스가 계속해서 등장한다면, 그들은 직접 사업을 전개하는 수고로움 없이 다른 이의 유망한 사업이나 프로젝트에 NFT를 라이센싱하면서 쉽게 수익을 창출할 수도 있다. 이와 같은 흐름은 'IP 사업의 민주화'를 이끌 수도 있다. 일각에서 예측하는 대로 유가랩스가 미래에

디즈니와 같은 회사로 발전한다면, 디즈니의 모든 캐릭터들이 디즈니라는 회사에 소속되어 있는 지금과 달리 미래의 미키마우스, 알라딘, 그리고 아이언맨 등을 우리 주변의 누군가가 소유하는 모습을 보게 될지도 모른다.

상업적 사용권 부여에 대한 얘기를 마치기 전에 한 가지 더 언급할 사항이 있다. BAYC는 홀더들에게 상업적 사용권을 부여했을 뿐 아니라 프로젝트 초기에 '커뮤니티 보조금 프로그램Community Grant Program'[21]을 운영해 홀더들의 파생 프로젝트를 장려했다. 일정 기간 동안 BAYC 홀더들은 BAYC 커뮤니티에 기여할 수 있는 다양한 아이디어를 제출했고, 선발된 프로젝트에 최대 3000달러를 지원해 주었다. 이후 다른 PFP NFT 프로젝트들 또한 이와 유사한 형태의 보조금 프로그램을 운영하고 있다.

아디다스, BAYC의 돛을 달다

BAYC는 출범 초기부터 다양한 기업과 협업을 진행해 왔고 이를 통해 또 다른 멤버십 혜택을 제공했다. 2021년 7월에는 아티스트가 디자인한 스포츠 용품과 NFT를 판매하는 브랜드인 '라운드21round21'과 함께 농구공 NFT(BAYC X round21 Basketball NFT)를 제작하여 모든 BAKC 홀더에게 에어드롭했다. 해당 NFT 홀더는 한정판으로 출시된 실물 농구공을 사전에 예약해 주문할 수 있었다.

2021년 8월에는 스트릿 웨어 브랜드 '더 헌드레즈The Hundreds'와 러그, 티셔츠, 후드티를 제작했다. 검정색 티셔츠와 후드 티셔츠는 BAYC 홀더 전용 스토어에서만 구매할 수 있었고, 로열 블루 색상의 티셔츠와 후드 티셔츠는 더 헌드레즈에서 일반인들 대상으로도 판매됐다. 참고로 더 헌드레즈 또한 '아담 봄 스쿼드Adam Bomb Squad'라는 자체 NFT 프로젝트를 운영하고 있다.[22]

이어서 2021년 11월에는 APE FEST 기간 즈음 유명 대중문화 잡지 《롤링스톤RollingStone》과 BAYC 및 MAYC의 잡지 표지 NFT를 만들고 세계 최고의 NFT 예술품 거래소 중 하나인 슈퍼레어SuperRare[23]에서 판매하기도 했다. 참고로 2022년에도 APE FEST 2022 기간에 맞춰 롤링스톤과 같은 프로젝트를 한 번 더 진행했다.

BAYC가 round21와 제작한 실물 농구공 ⓒround21 홈페이지

(좌)BAYC X The Hundreds 티셔츠
(우)Adam Bomb Squad 티셔츠 프린트
ⓒThe Hundreds 홈페이지

　　같은 달 28일에는 BAYC 공식 트위터 계정이 한 장의
사진을 올렸다. 사진은 3D 모델링된 BAYC의 원숭이 캐릭터
가 '아디다스 오리지널스 Adidas Originals'의 형광색 트랙 탑을 입
은 모습을 담고 있었다. BAYC가 아디다스와의 파트너십 발
표를 예고한 것이다. 이는 한 달 전 페이스북이 사명을 메
타 Meta로 변경한 데 이어 웹3.0과 메타버스에 대한 시장의 관
심을 한층 더 고조시키는 계기가 되었다.

　　12월 2일 아디다스의 공식 트위터 계정에는 BAYC, 지
머니 Gmoney[24], 펑크스 코믹 Punks Comic[25]이 공동으로 작업한 프
로젝트, '인투 더 메타버스 Into The Metaverse'가 발표됐다. 같은 날
아디다스 오리지널스 공식 트위터 계정은 프로필 이미지를
BAYC 공식 트위터 계정이 올렸던 3D 모델링된 BAYC 원숭

(좌)Rolling Stone X Bored Ape Yacht Club Cover
(우)Rolling Stone X Mutant Ape Yacht Club Cover
ⓒSuperRare 홈페이지

이 캐릭터의 2D 이미지로 교체했다. 이미지의 주인공은
BAYC #8774였다. 아디다스는 BAYC #8774를 구매한 후 '인
디고 허츠Indigo Herz'라는 이름을 붙였다.

ⓒBAYC 트위터

아디다스는 12월 17일 인투 더 메타버스의 NFT를 판매했다. 개수는 총 3만 개였고 개당 판매 가격은 0.2ETH였다. 그중 2만 개는 BAYC, MAYC, 픽셀 볼트Pixel Vault, 지머니홀더들에게 배정되었다. 홀더들은 사전 구매 기간Early Access Period이었던 12월 17일에 해당 NFT를 구매할 수 있었다. 뒤이은 일반 구매 기간General Access Period에는 누구나 NFT를 구매할 수 있는 퍼블릭 세일이 진행됐다. 인투 더 메타버스 NFT는 판매가 시작되자마자 순식간에 매진됐고, 당일 오픈씨에서는 민팅 가격의 네 배에 달하는 금액에 2차 거래되기도 했다. 필자도 일반 구매 기간에 민팅을 시도하였으나 가스 워Gas War[26]로 인해 가스 피Gas Fee[27]만 날리고 말았던 아픈 기억이 있다.

인투 더 메타버스 NFT를 소유하면 다음과 같은 혜택이

(좌)ⓒ아디다스 홈페이지
(우)ⓒOpenSea 홈페이지

(좌)펑크스 코믹 2화의 한 장면 ⓒ아디다스 홈페이지
(우)adidas Originals: Capsule Collection ⓒOpenSea 홈페이지

주어진다. 우선 아디다스가 2022년부터 커뮤니티와 만들어 나갈 오픈 메타버스 공간을 경험할 수 있다. 또한 추가 비용 없이 여러 실물 아이템을 받을 수 있었다. 물품은 인디고 허츠가 입은 아디다스 트랙 수트, 펑크스 코믹 2화에서 지머니가 입었던 그래픽 후드티, 그리고 지머니의 오렌지 색 비니로 구성됐다. 실제 행사claim는 2022년 4월에 진행되었으며, 홀더들은 페이즈1Phase1 NFT를 소각burn[28]하여 실물 아이템들과 페이즈2 NFT를 수령할 수 있었다. 2022년 6월에는 페이즈2 NFT 홀더들에게 '아디다스 오리지널스: 캡슐 컬렉션Adidas Originals: Capsule Collection NFT'를 에어드롭했다. 해당 NFT의 용도는 아직 정확히 밝혀지지 않았으며[29], 2022년 6월 중순 기준

으로 약 0.3ETH에 거래되고 있다.

인투 더 메타버스는 빅 브랜드가 NFT 시장에 본격적으로 진출한 사례였다. 해당 프로젝트에서 아디다스는 웹3.0 커뮤니티에 대한 존중과 깊은 이해를 보여줬다. 최근 국내 대기업들도 NFT 시장에 진출하고 있는데 이때 아디다스의 사례를 참조할 수 있다. BAYC는 인투 더 메타버스에서도 BAYC와 MAYC 홀더들에게 경쟁 없이 편하게 NFT를 구매할 수 있도록 사전 구매 혜택을 제공했다. 또한 이 협업 프로젝트를 통해 잠재 고객의 저변을 넓힐 수 있었다. 프로젝트를 론칭한 이후 아디다스는 블로그를 통해 아디다스 고객들이 웹3.0 세계로 진입하는 데 도움이 되길 바란다는 글을 남기기도 했다. 더불어 아디다스가 웹3.0 시장 진출 파트너로 다른 PFP NFT 프

(좌)2022년 7월 5일 기준 오픈씨에 등록된 매물 중 최저 가격의
FEWO SHOE RARE 스니커즈. 2.2ETH에 등록되어 있다.
ⓒOpenSea 홈페이지
(우)무라카미 타카시 ⓒYamashita Yohei, CC BY 2.0

로젝트가 아닌 BAYC를 선택했다는 점에서, BAYC는 다시 한 번 웹3.0 시장의 선구자 이미지를 공고히 할 수 있었다.

그런데 BAYC와 아디다스가 인투 더 메타버스를 발표하고 일주일 후 NFT 업계에는 또 하나의 놀라운 뉴스가 전해졌다. 나이키NIKE가 NFT 스튜디오 '아티팩트RTFKT'를 인수한 것이다.

아티팩트는 최신 게임 엔진, NFT, 블록체인 인증, 그리고 증강현실(AR·Augmented Reality) 등의 기술과 제조 전문 지식을 결합하여 디지털 스니커즈를 포함한 디지털 아이템을 만드는 회사다. 자본 시장 데이터 분석 기업 '피치북PitchBook'에 따르면 나이키에 인수되기 전 아티팩트의 직원 수는 15명이었고 900만 달러 규모의 투자를 유치한 상태였다. 시드Seed 투자는 a16z가 리드했다. 2021년 5월 기준으로 아티팩트의 기업 가치는 3300만 달러 규모였다. 유가랩스의 공동 창업자들과는 달리 아티팩트의 공동 창업자들은 2020년 창업 시점부터 모두 실명을 공개하고 있는데, 그들은 베노이트 파고토Benoit Pagotto, 크리스 레Chris Le, 그리고 스티븐 바실레브Steven Vasilev이다.

아티팩트는 이미 2021년 5월에 NFT 아티스트 '푸오셔스FEWOCiOUS'와 만든 디지털 스니커즈 400억 원어치를 단 7분 만에 판매해 화제가 됐다. 또한 2021년 11월에는 일본의 앤디 워홀Andy Warhol이라 불리는 유명 아티스트 무라카미 타카시Murakami Takashi와 함께 PFP NFT 프로젝트 '클론Clone X'를 론칭했는데 출시 직후부터 2차 시장에서 높은 거래량을 기록했다. 이처럼 성공 가도를 달리고 있던 아티팩트를 나이키가 전격적으로 인수한 것이다.

나이키의 CEO 존 도나호John Donahoe는 성명을 통해 아티팩트의 브랜드에 투자하고 기여함으로써 그들의 혁신적이고 창의적인 커뮤니티를 성장시키고 나이키의 디지털 사업 역량을 확대할 것이라 밝혔다.

아디다스와 나이키는 모두 웹3.0 시장에 단독 진출하기보다는 시장 내 기존 플레이어와 손을 잡는 방식을 택했다. 하

Clone X의 오픈씨 배너 이미지 ⓒOpenSea 홈페이지

지만 아디다스가 BAYC와 파트너십을 체결한 것과 달리 나이키는 아티팩트를 인수했다. 이러한 선택의 차이에는 여러 이유가 있겠지만 아디다스는 사내에서 팀을 조직하여 직접 사업을 만들어 나갈 수 있다고 판단한 반면 나이키는 그들에게 필요한 역량을 갖춘 가장 우수한 팀을 외부로부터 들이기를 택한 것으로 보인다.

이는 지머니가 그의 트위터 계정을 통해 공개한 인투 더 메타버스 프로젝트의 발족 과정에서도 드러난다. 아디다스는 한 직원이 먼저 지머니에게 접촉해 자문을 구한 후 사내

존 도나호 ⓒJD Lasica, CC BY 2.0

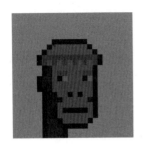

지머니(Gmoney), 크립토펑크 #8219를 사용하고 있다.
ⓒOpenSea 홈페이지

에서 이미 웹3.0 커뮤니티에서 활동하고 있던 직원들을 모아 프로젝트를 추진했다. 아디다스 사내에 프로젝트 추진을 담당할 적임자들을 이미 보유하고 있었던 것이다.

나이키는 2018년 이베이ebay의 CEO였던 존 도나호를 신임 CEO로 영입한 후 적극적으로 디지털 트랜스포메이션을 추진해 왔다. 그 과정에서 나이키에 필요한 디지털 역량을 갖춘 회사들을 적극 인수해 왔는데 아티팩트의 인수도 같은 맥락이었던 것으로 보인다. 한편 지머니는 그의 트위터 계정을 통해 아디다스와 나이키가 같은 주에 NFT 시장에 공식 진출한 것이 2021년 암호 화폐 시장에서 일어난 가장 중요한 이벤트라고 평하기도 했다.

셀럽을 사로잡다

유가랩스는 BAYC 출범 전 판매 예정된 1만 개의 물량 외에 추가로 제작한 NFT를 유명 크립토 트레이더나 크립토 OG Original Gangster[30] 등의 인플루언서에게 전달하고 그들을 BAYC의 명예 멤버로 위촉했다. 추가 제작된 NFT들은 인플루언서들의 기존 프로필 이미지를 BAYC 스타일로 재해석하여 만들어졌는데, 이는 최근 패션 업계에서 유행하는 콜라보레이션 제품 출시를 연상시켰다. BAYC는 크립토 업계의 인플루언서를 멤버로 합류시키며 잠재 고객에게 구매 욕구를 불러일으킬 수 있었다.

BAYC 출범 이후에는 크립토 업계를 넘어 글로벌 셀럽들이 BAYC에 가입하기 시작했다. 유가랩스가 먼저 그들에게 접근했는지, 그들이 자발적으로 BAYC를 구매했는지 정확히 파악하기는 어렵다.[31] 다만 셀럽들이 다른 PFP NFT가 아니라 BAYC를 프로필 이미지로 사용하기 시작했고, 이는 BAYC의 가치를 높였다. 덕분에 잠재 고객을 끌어들일 수 있었다. 이러한 사례는 인스타그램Instagram의 초기 성장 전략을 떠올리게 한다. 인스타그램은 셀럽들을 끌어들이면 대중이 자동으로 따라올 것이라 예상했다. 당시 CEO였던 케빈 시스트롬Kevin Systrom까지 나서 셀럽들의 인스타그램 사용을 적극 지원했는데, 결과적으로 빠르게 많은 초기 고객을 끌어모을 수 있었다.

(좌)캐머런 윙클보스 ⓒTechCrunch, CC BY 2.0
(우)BAYC #5703 ⓒOpenSea 홈페이지

BAYC에는 어떤 셀럽들이 가입했을까? 2021년 9월 25일, 페이스북의 창업 아이디어를 냈으며, 암호 화폐 거래소 '제미니Gemini'를 창업하고, 세계 최고의 NFT 거래소 중 하나인 '니프티 게이트웨이Nifty Gateway'를 인수한 캐머런 윙클보스 Cameron Winklevoss가 자신의 트위터 계정을 통해 BAYC 구매 소식을 알렸다. 그는 BAYC #5703을 47.6ETH에 구입했다. 이는 당시 환율 기준으로 14만 달러, 한화 1억 8000만 원에 이른다. 당시 환율은 1ETH = 350만 원 선이었다.[32] BAYC #5703은 이후 "니프티-게이트웨이-옴니버스nifty-gateway-omnibus"라는 이름의 이더리움 지갑으로 옮겨졌는데, 당일 해당 지갑에는 여덟 개의 BAYC, 열한 개의 MAYC, 그리고 한 개의 BAKC가 들어 있는 것으로 확인됐다. 캐머런 윙클보스

가 BAYC #5703뿐만 아니라 추가 구매를 진행했으리라 추정
된다.

　　세계 최고의 농구 리그인 NBAThe National Basketball Association
의 스타들 또한 BAYC에 가입했다. 가장 먼저 BAYC에 합류
한 스타는 '골든 스테이트 워리어스Golden State Warriors'에 소속된
선수 스테픈 커리Stephen Curry였다. 그는 2021년 8월 28일
BAYC #7990을 55ETH에 구매했다. 이후 그는 트위터 프로
필 사진으로 BAYC #7990을 사용해 큰 화제가 됐다. 스테픈
커리를 통해 대중들은 NFT에 조금 더 친숙해질 수 있었다.

　　캐머런 윙클보스가 BAYC를 구매했던 그 날, NBA의 전
설적인 센터 샤킬 오닐Shaquille O'Neal은 MAYC 하나를 구매했

(좌)스테픈 커리 ©Cyrus Saatsaz, CC BY-SA 2.0
(우)BAYC #7990 ©OpenSea 홈페이지

(좌)세레나 윌리엄스 ©Edwin Martinez, CC BY 2.0
(우)BAYC #5797 ©OpenSea 홈페이지

다. 이후에도 NBA 선수들의 BAYC, MAYC 구매는 이어졌다. 10월 18일에는 '필라델피아 세븐티식서스Philadelphia 76ers'의 포워드 토비아스 해리스Tobias Harris가, 11월에는 '유타 재즈Utah Jazz'의 센터 하산 화이트사이드Hassan Whiteside가 트위터 프로필 사진을 BAYC로 변경했다.[33] 11월 5일에는 하산 화이트사이드의 팀 동료 루디 고베어Rudy Gobert 또한 BAYC 하나를 구매했다. 이후에도 '피닉스 선즈Phoenix Suns'의 자베일 맥기JaVale McGee, 스테폰 커리의 팀 동료 앤드류 위긴스Andrew Wiggins 등이 BAYC를 구매했다.

2022년에는 NBA를 넘어 다른 계열의 스포츠 스타들도 BAYC에 합류했다. 1월에는 세계적인 테니스 선수 세레나 윌리엄스Serena Williams가 배우자인 알렉스 오하니언Alexis Ohanian으

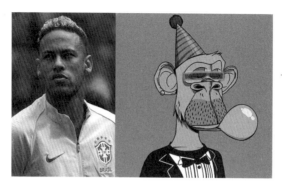

(좌)네이마르 ⓒКирилл Венедиктов, CC BY-SA 2.0
(우)BAYC #6633 ⓒOpenSea 홈페이지

로부터 BAYC #5797을 선물 받아 화제가 되었다. 알렉스 오하니언은 소셜 뉴스 웹 사이트인 레딧Reddit의 창업자이기도 하다.

같은 달에는 브라질의 축구 국가대표 네이마르Neymar가 BAYC #6633을 159.99ETH에, BAYC #5269를 189.69ETH에 구입했음을 공개했다. 2022년 1월에 이더리움 하나당 가격이 300만원 내외였다는 점을 감안하면, 각각 4억 8천만 원과 5억 7천만 원에 이른다. 또한 NFL에서도 '뉴 오를레앙 세인츠New Orleans Saints' 팀의 라인 브레이커 드마리오 데이비스Demario Davis, 러닝백 마크 잉그램Mark Ingram, 살아 있는 전설이라 불리는 톰 브래디Tom Brady가 BAYC를 구매했다.

BAYC는 연예계에서도 인기였다. 앞서 소개했듯이 유

명 음악 프로듀서 팀발랜드는 BAYC를 구매하고[34] 다른 BAYC 홀더들과 AIP_Ape-In Production이라는 이름의 엔터테인먼트 회사를 설립했다. 2021년 11월에는 글로벌 셀럽들이 출연하는 '지미 팰런 쇼Jimmy Fallon Show'의 진행자 지미 팰런이 유명 NFT 아티스트 '비플Beeple'[35]과의 인터뷰에서 BAYC를 구매했다고 밝혔다. 지미 팰런은 암호 화폐 구매 서비스인 '문페이Moonpay'[36]의 도움을 받았다고 밝혔다. 해당 BAYC는 #599였으며 지미 팰런 역시 트위터 프로필 이미지를 그의 BAYC로 변경했다.

셀럽들이 비교적 낮은 허들로 BAYC에 합류한 것에는 문페이의 역할이 컸다. 문페이는 지미 팰런이 BAYC를 구매했던 시기에 릴 베이비Lil Baby, 포스트 말론Post Malone, DJ 칼리드DJ Khaled, 퓨처Future, DJ 디플로DJ Diplo, 릴 더크Lil Durk 등 다수의 셀럽에게 컨시어지 서비스를 제공했다. 컨시어지 서비스란 BAYC를 구매할 때 필요한 지갑 설치, 암호 화폐 구매, BAYC 구매 및 보관 등 전 과정을 대행해 주는 것이다. 덕분에 많은 셀럽은 어렵지 않게 BAYC 커뮤니티에 올라탈 수 있었다. 문페이는 이듬해에도 패리스 힐튼Paris Hilton, 기네스 펠트로Gwyneth Paltrow, 저스틴 비버Justin Bieber, 스눕 독 등이 BAYC를 구매하는 것을 도왔다. 이들은 문페이의 5.55억 달러 규모의 시리즈 A 라운드 투자[37]에 투자자로 참여하여 또 다른 화

(좌)지미 팰런 ⓒMontclair Film Festival, CC BY 2.0
(우)BAYC #599 ⓒOpenSea 홈페이지

제가 되었다. 문페이의 본업은 셀럽에게만 소구하지 않았다. 신용카드, 은행 송금, 애플 페이Apple Pay 등으로 암호 화폐를 쉽게 구매할 수 있는 서비스를 제공하면서 대중에게도 닿았다. 문페이는 컨시어지 서비스를 통해 셀럽이 BAYC 커뮤니티에 합류할 수 있도록 하고, 그 내용이 기사화될 때마다 문페이는 대중에게 신뢰를 쌓는 동시에 본업을 홍보할 수도 있었다.

문페이의 CEO 이반 소토 라이트Ivan Soto-Wright는 '더 블록THE BLOCK'과의 인터뷰에서 문페이의 비하인드 스토리를 밝혔다. 컨시어지 서비스는 우연히 시작됐으며 셀럽 사이에 퍼진 입소문을 통해 성장했다고 언급했다.[38] BAYC의 구매 알선자로서의 문페이가 입소문을 탔을 수도 있지만, 문페이와 BAYC 사이에 파트너십이 존재하는지는 확인되지 않았다.

(좌)마크 큐반 ⓒGage Skidmore, CC BY-SA 2.0
(우)BAYC #1597 MAYC #13195 ⓒOpenSea 홈페이지

　　기업인들 중에서는 억만장자 기업가이자 NBA 팀 '댈러스 매버릭스Dallas Mavericks'의 구단주이기도 한 마크 큐반Mark Cuban이 2021년 5월 22일 BAYC 홀더인 'Prepstothepros'로부터 증정 받은 BAYC #1597과 M2 세럼을 사용하여 만들어 낸 MAYC #13195를 보유하고 있다.

　　이처럼 PFP NFT 업계에서는 홀더들이 NFT를 유명인에게 자발적으로 증정하여 프로젝트를 홍보하는 경우가 있다. 대개는 무시당하지만, Prepstothepros의 행보는 BAYC의 가치 제고에 기여했다. 마크 큐반은 받은 BAYC를 방치하지 않고 M2 세럼을 사용해 MAYC까지 만들어 냈고 이 과정에서 적잖은 주목을 받았기 때문이다. 이외에도 앞서 언급한 알렉스 오하니언, 오픈씨의 CFO 브라이언 로버츠Brian Roberts 등도 BAYC를 보유하고 있으며, 테슬라와 스페이스엑스의 창업자 일론 머스크Elon Musk가 문페이를 통해 BAYC를 구매한 것으로 추정돼 화제가 되기도 했다.

　　문페이의 컨시어지 서비스 제공과 미국 셀럽들의 스타트업 업계 투자 열풍이 맞물려 BAYC는 수많은 셀럽을 멤버로 맞이할 수 있었다. 이는 대중에게 BAYC의 브랜드 매력도를 제고했다. 셀럽이 멤버가 되자 대중들에게 BAYC는 더 이상 정체를 알 수 없는 원숭이 이미지가 아니었다. 일종의 새로운 명품에 가까웠다. 앞서 살펴본 바대로 멤버십 혜택이나 상업적 사용권, 콜라보레이션 등의 요소가 더해지며 고객들의 구매 욕구를 더욱 자극했다. 하지만 여느 시장과 마찬가지로 NFT의 가격 역시 수급에 큰 영향을 받는다. BAYC는 1만 개, MAYC는 약 2만 개, BAKC는 약 1만 개로 그 수가 한정돼 있다. 셀럽들의 합류와 홍보가 뜨거워질수록 유가랩스의 NFT 컬렉션들의 가격은 계속 오를 수밖에 없었다. 유가랩스는 글로벌 셀럽들을 BAYC 커뮤니티에 유입시키는데 그치지 않고 셀럽과 함께 굿즈를 제작하거나 그들을 APE FEST에 초대 가수로 초청하는 등 더욱 적극적으로 협업을 이어가고 있다. 또한 BAYC의 행보를 지켜본 다른 PFP NFT 프로젝트들도 그들의 커뮤니티에 글로벌 셀럽을 합류시키기 위해 노력하고 있다.

　　그런데 글로벌 셀럽들은 왜 BAYC나 다른 NFT를 구매했을까? 그저 새로운 종류의 명품을 갖고 싶었기 때문일까?

사실 앞서 언급한 대부분의 셀럽들은 사업가나 투자가로서의 면모도 가지고 있다.

캐머런 윙클보스는 앞서 언급했듯 암호 화폐 거래소와 NFT 거래소를 보유하고 있다. 그가 BAYC 또는 다른 NFT를 구매해 관심을 부르고 이를 통해 더 많은 대중이 시장으로 유입된다면 그의 거래소 역시 더 많은 거래 수수료 수익을 거둔다.

패리스 힐튼, 기네스 펠트로, 저스틴 비버, 스눕 독, 스티브 아오키Steve Aoki 등은 문페이의 시리즈 A 라운드에 투자자로 참여했다. 이들이 BAYC를 구매함으로써 문페이가 대중들에게 회자되고, 실적을 높인다면 셀럽들이 가진 지분의 가치도 덩달아 상승할 것이다. 세레나 윌리엄스도 비슷한 케이스다. 그의 남편 알렉스 오헤니언은 2020년 레딧을 떠나 '776'이라는 벤처캐피털을 창업했다. 776은 2022년 초 웹3.0 기업들에 집중적으로 투자하기 위한 5억 달러 규모의 펀드를 조성했다. 이 부부의 NFT 구매로 NFT 및 웹3.0 시장이 더욱 대중화된다면 776의 포트폴리오 기업들의 가치가 향상될 것이다.

팀발랜드는 구매한 BAYC를 바탕으로 가상의 가수를 만들어 냈다. 엔터테인먼트 계열의 오랜 고민 중 하나는 훌륭한 엔터테이너가 지치고 늙는 것이었다. 결국 그들도 사람이

기 때문이다. BAYC는 이 문제를 해결할 수 있었고 더불어 초기 팬덤을 형성하기에 용이한 훌륭한 커뮤니티까지 형성하고 있었다.

마크 큐반은 수년 전부터 암호 화폐 시장에 큰 관심을 보인 기업가 중 한 명이다. 실제로 다양한 NFT 프로젝트에 개인적으로 투자를 하고 있는 것으로 알려져 있다. 그와 같이 비교적 뒤늦게 시장에 합류한 이들은 BAYC나 MAYC를 통해 업계 인플루언서로서의 입지를 빠르게 강화할 수 있었을 것이다.

3

크립토펑크를 넘어라 ;
2021년 12월~2022년 1월

PFP NFT의 제왕

BAYC의 바닥 가격은 출범 이후 줄곧 가파르게 성장했으나 끝내 넘지 못한 산이 있었다. 바로 2장에서 소개했던 크립토펑크다. 크립토펑크는 2017년 6월, 뉴욕 브루클린에 위치한 라바랩스가 내놓은 최초의 PFP NFT 프로젝트다. 라바랩스는 매트 홀Matt Hall과 존 왓킨슨John Watkinson이 공동 창업한 기업이다.

크립토펑크는 1만 개가 발행됐는데, 그중 9000개는 무료로 배포되었고 나머지 1000개는 라바랩스가 보유했다. 모든 캐릭터가 원숭이인 BAYC와 달리, 크립토펑크는 원숭이뿐만 아니라 사람, 좀비, 외계인 등 다양한 캐릭터로 구성됐다.

매트 홀과 '아트 마켓 구루ART Market Guru'의 인터뷰에 따르면, 라바랩스의 두 창업자는 2017년 초부터 픽셀 캐릭터 생성기pixel character generator를 다루고 있었지만 그것을 통해 만든 캐릭터로 무엇을 해야 할지는 확신하지 못했다고 한다.[39] 둘은 이더리움을 접하고 블록체인 상에서 유일무이하고 소유할 수 있는 캐릭터를 만들기로 했다. 현재는 거의 모든 PFP NFT 프로젝트가 크립토펑크와 같이 제너레이티브 아트Generative art의 형태를 띠고 있다. 제너레이티브 아트는 전체 또는 부분을 인간이 아니라 컴퓨터가 결정하여 만든 작품을 말한다. PFP NFT 프로젝트의 경우 미리 수많은 특성 값들을 만들어 두고 이를 무작위로 조합해 1만여 개의 이미지를 만들어 낸다. 예를 들어, 앞서 언급한 크립토펑크의 종족 중 외계인의 비율을 10퍼센트로 미리 설정해 둔다면 토큰 생성 과정에서 임의의 토큰 1000개가 외계인이 된다.

NFT 시장의 성장과 함께 최초의 PFP NFT라는 내러티브를 보유한 크립토펑크의 바닥 가격과 거래량도 지속 상승했다. '최초'라는 타이틀은 BAYC를 포함한 그 어떤 PFP NFT 프로젝트도 넘볼 수 없었다. 때문에 트위터 유저들에게 크립토펑크 프로필은 특별했는데, 곧 그가 '크립토 OG'임을 의미했기 때문이다. 크립토 OG는 이 업계가 유명해지기 전부터 활동한 이들을 말한다. 따라서 그들에게는 다양한 경험과 인사이트가 있을 것이라는 이미지도 뒤따랐다. 크립토펑크는 이와 같은 내러티브와 제한된 공급량을 이용해 최고의 PFP

크립토펑크 #7523 ⓒOpenSea 홈페이지

NFT로 성장해 갔다. 2021년 5월에는 아홉 개의 크립토펑크가 크리스티 경매에 부쳐졌는데 최종 낙찰 가격은 총 1700만 달러였다. 그 다음 달에는 소더비에서 '코비드 에일리언Covid Alien'이라는 별명을 가진 크립토펑크 #7523이 경매에 올랐고 무려 1170만 달러, 한화 130억 원에 낙찰됐다.

글로벌 양대 경매 회사에서의 낙찰에 앞서 2021년 4월에는 유명 가수 제이지Jay Z가 크립토펑크 #6095를 구매해 화제가 되었다. 또한 알렉스 오하니언은 배우자인 세레나 윌리엄스에게 BAYC를 선물하기 이전 그를 닮은 크립토펑크 #2950을 선물했다. 그는 해당 크립토펑크를 6월에 구매한 것으로 밝혀졌다.

(좌)제이지 ⓒJoella Marano, CC BY-SA 2.0
(우)BAYC #6095 ⓒOpenSea 홈페이지

크립토펑크 #2950 ⓒOpenSea 홈페이지

8월에는 NFL 최고의 선수 중 한 명인 오델 베컴 주니어 Odell Beckham Jr.가 크립토펑크 하나를 구매했으며[40], 글로벌 금융 벤처 기업 '비자Visa'가 150만 달러(19억 원)에 크립토펑크 #7610을 구매해 화제가 되기도 했다. 비자에서 크립토 사업을 맡고 있는 쿠이 쉐필드Cuy Sheffield는 인터뷰에서 "비자는 NFT가 리테일, 소셜 미디어, 엔터테인먼트, 상거래 분야의 미래에 중요한 역할을 맡을 것이라 생각한다"며, "비자가 크립

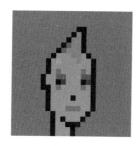

크립토펑크 #7610 ⓒOpenSea 홈페이지

토펑크를 구매한 것은 이 시장에서 그들이 해나갈 일들의 시작일 뿐"이라고 덧붙였다.

스눕 독은 르네상스를 이끈 은행가인 코시모 데 메디치 Cosimo de' Medici의 이름을 패러디한 닉네임인 '코조모 데 메디치 Cozomo de' Medici'로 트위터에서 활발히 활동 중이다. 이 트위터 계정의 프로필 사진이 크립토펑크 #3831이다. 이외에도 스티브 아오키, 개리 비Gary Vee, 3LAU, 마크 큐반 등 수많은 유명인사들이 크립토펑크를 구매했다. 또한 크립토펑크가 최고의 NFT로 성장함에 따라 이를 트위터 프로필 사진으로 사용하던 일반인 홀더들도 NFT 시장의 인플루언서로 거듭났다.

(좌)스눕독 ©Jason Persse, CC BY-SA 2.0
(우)BAYC #3831, 좀비 캐릭터다. ©OpenSea 홈페이지

크립토펑크의 위기

비자가 크립토펑크 #7610을 구매한지 며칠이 채 지나지 않아, 일부 크립토펑크 홀더들이 우려의 목소리를 내기 시작했다. 유명 에이전시 UTA와 라바랩스가 진행한 대리 계약이 문제가 됐다. 해당 계약에는 라바랩스의 IP인 크립토펑크, 미비츠Meebits[41], 오토글립스Autoglyphs[42]를 영화, TV 시리즈, 비디오게임으로 활용하고 그를 수익화하는 내용이 담겨 있었다. 문제는 라바랩스가 그들의 IP를 수익화할 때 그 수혜가 홀더가 아닌 라바랩스에게만 흘러들어 간다는 것이었다.

NFT 라이선스NFT License는 대퍼랩스가 NFT 소유자 및 아티스트들의 권리를 보호하기 위해 만든 일종의 약관이다. BAYC 등장 이후에도 많은 NFT 프로젝트들이 이 내용을 이용 약관Terms and Condition 문서로 사용했다. 그러나 크립토펑크를 사용하는 데 있어 어떤 콘텐츠 라이선스가 적용되는지는 줄곧 불명확했다. 미국 일리노이공과대학교 시카고-켄트로스쿨의 에드워드 리Edward Lee 교수의 논문[43]에 따르면, 라바랩스는 2017년에 크립토펑크를 처음 배포할 때 라이선스 관련 내용을 누락했다. 2019년에서야 존 왓킨슨은 디스코드를 통해 크립토펑크에 라이선스를 적용하겠다고 밝혔으나 약관에는 명시하지 않았다.

크립토펑크가 언급한 NFT 라이선스에 따르면 홀더가

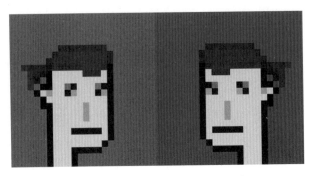

2022년 6월 17일 기준 역대 최고가에 거래된 크립토펑크 #5822
(좌)크립토펑크 #5822 ⓒOpenSea 홈페이지
(우)크립토휭크 #5822 ⓒOpenSea 홈페이지

NFT를 활용하여 낼 수 있는 수익은 연간 10만 달러로 제한된다. 또한 크립토펑크 이미지를 변경하여 사용할 수 없으며, 2차 라이선스를 통한 제3자Third Party와의 협업도 허용되지 않았다. 이는 대다수의 홀더에게는 큰 문제가 되지 않았으나, 크립토펑크의 파생 프로젝트를 만들거나 크립토펑크를 바탕으로 소셜 미디어에서 자신만의 브랜드를 만들어 나가고 있던 이들에게는 상당한 걸림돌이 되었다.

　　라바랩스는 2021년에 다수의 크립토펑크 파생 프로젝트에 대해 DMCA(Digital Millennium Copyright Act·디지털 밀레니엄 저작권법) 테이크다운Takedown을 요청하기도 했다. DMCA 테이크다운 요청은 DMCA에 의거하여 저작권자가 어떤 웹 사이트에 불법적으로 게재된 자신의 저작물을 내려 달라고 해당 웹 사이트 운영자에게 요청하는 것을 말한다. 가장 화제가 된 사례는 '크립토휭크CryptoPhunks'였다. 크립토휭크는 크립토펑크의 패러디 작품을 자처했다. 얼굴의 방향과 배경색을 제외하고 크립토펑크와 크립토휭크는 똑같았다.

라바랩스는 오픈씨에 DMCA 테이크다운을 요청해 크립토휭크를 오픈씨에서 제거했다.[44] 이에 크립토휭크는 '낫라바랩스닷컴notlarvalabs.com'을 만들어 그들의 NFT 홀더들에게 마켓을 제공했으며[45], 크립토펑크의 불명확한 라이선스 조건과 라바랩스가 크립토펑크의 파생 프로젝트들을 대하는 방식을 비판했다.[46] 비슷한 논란은 크립토펑크 V1에서도 발생했다. 지금까지 살펴본 크립토펑크는 정확히 말해 크립토펑크 V2다. 라바랩스는 크립토펑크 V2 배포 이전에 1만 개의 크립토펑크 V1을 먼저 배포했다. 문제는 크립토펑크 V1의 스마트 컨트랙트Smart Contract[47]에 생긴 오류였다. 크립토펑크 V1을 거래할 때 구매자가 크립토펑크 V1을 구매하기 위해 지불한 이더리움을 다시 인출할 수 있었던 것이다. 결국 라바랩스는 크립토펑크 V2를 만들어 재배포했다. 이후 라바랩스는 크립토펑크 V2만이 공식적인 크립토펑크라고 못을 박았고, 오픈씨는 그들의 거래소에서 크립토펑크 V1의 거래를 중단시켰다.

그런데 라바랩스의 의사와는 별개로 몇몇 개발자들은

크립토펑크 V1을 주시했다. 일부 개발자들이 크립토펑크 V1의 결함을 해결하고 이를 ERC-721 버전으로[48] 래핑Wrapping해 '랩드 크립토펑크Wrapped Cryptopunks V1'라는 이름의 NFT를 냈다. 크립토펑크 V1을 ERC-721 프로토콜의 기준에서 거래할 수 있게 변환, 즉 포장했다는 의미다. 크립토펑크 V1의 부활이었다. 또한 그들은 오픈씨의 경쟁사인 '룩스레어LooksRare'에 랩드 크립토펑크 V1을 리스팅해 거래를 할 수 있도록 만들었다. 이에 오픈씨도 다시 랩드 크립토펑크 V1의 거래를 허용했다. 라바랩스는 이러한 움직임을 가만히 보고만 있지 않았다. 라바랩스는 오픈씨에 랩드 크립토펑크 V1에 대해서도 DMCA 테이크다운을 요청했고 오픈씨는 다시 한 번 크립토펑크 V1의 거래를 중단시켰다. 크립토펑크 V1 커뮤니티는 또 한 번의 거래 중단 조치에 법적 대응도 불사하겠다고 밝혔다. 한 홀더는 미국 최고의 IP 변호사와 통화한 결과 크립토펑크 V1의 거래는 합법적이라는 답변을 받았다고 발언하기도 했다.

한편 2022년 2월에는, 라바랩스가 크립토펑크 V1을 공식적으로 인정하지 않으며 나아가 싫어한다는 것을 보여주기 위해 그들이 보유한 크립토펑크 V1을 판매할 것임을 알렸다. 라바랩스는 실제로 그들이 보유한 크립토펑크 V1을 예의 ERC-721 버전으로 래핑한 후 판매해 약 210ETH(8억 원)의 수익을 거두었다. 그들은 이 수익으로 크립토펑크 V2를 재구매하는 한편 동일 액수를 추가 마련하여 열대 우림 보호 재단에 기부하려 했다. 하지만 크립토펑크 커뮤니티는 이와 같은 대응에 대해 오히려 부정적인 반응을 보였다. 이미 폐기했던 프로젝트를 판매해 수익을 창출하는 행위를 이해할 수 없다는 것이었다. 결국 매트 홀은 라바랩스의 디스코드 서버에서 그 결정이 나쁜 결정이었고, 후회하고 있다고 밝혔으며, 뒤이어 커뮤니티에게 사과한다는 내용의 성명을 냈다.

크립토펑크 V1을 둘러싼 논란은 현재 진행형이다. 저작권을 보호하기 위한 라바랩스의 노력이 이해되지 않는 것은 아니다. 또한 그들이 만약 크립토펑크 V1까지 공식적으로 인정했다면 크립토펑크의 공급량이 두 배가 되어 V2의 바닥 가격에도 영향을 미쳤을 것이다. 하지만 연이은 테이크다운 요청으로 인해 크립토펑크 커뮤니티의 파생 프로젝트 의지가 꺾였다. 그렇게 하지 않아도 그들이 공인한 크립토펑크는 V2가 유일하므로 크립토펑크 V2의 가격은 유지되었을 것이다. 앞서 BAYC 커뮤니티에서 탄생한 파생 프로젝트들을 통해 확인했듯, 파생 프로젝트는 근원이 되는 프로젝트의 세계관을 자연스럽게 확장하고, 기존 커뮤니티의 유대를 강화하는 등의 순기능을 갖고 있다. 크립토펑크는 이 부분을 놓쳤다.

유명 인플루언서인 'Punk4156'[49]의 이탈도 상징적인 사건이었다. 2021년 12월 9일, 그는 자신이 보유한 마지막 크

크립토펑크 #4156 ⓒOpenSea 홈페이지

립토펑크인 #4156을 당시 환율 기준으로 약 1000만 달러(12억 원)인 2500ETH에 판매하고 크립토펑크 커뮤니티를 떠났다. 이 액수는 2022년 6월 16일 기준으로 크립토펑크의 역대 거래가 5위에 이른다. 그가 2021년 2월 18일에 크립토펑크 #4156를 구매한 가격은 650ETH, 125만 달러였다.

Punk4156은 차익 실현을 위해 크립토펑크를 판매한 것이 아니었다. 그는 크립토펑크의 저작권 정책과 관련해 라바랩스와 오랜 갈등을 빚어 왔다. Punk4156는 트위터를 통해 라바랩스와의 갈등을 밝혔다. 그가 저작권 정책에 대해 의견을 제시했을 때 라바랩스는 그를 트위터에서 언팔로우unfollow 했으며 다이렉트 메시지(Direct Message·DM)에 응답조차 하지 않았다고 한다. 그는 마지막 크립토펑크를 판매한 후 웹3.0 전문 매체인 '디크립트Decrypt'와의 인터뷰에서 "앞으로는 저작권 문제에서 자유로운 CC0(Creative Commons 0·자유 이용 저작물)[50] 프로젝트인 '나운스Nouns'에 집중할 계획"이라고 밝혔다.

크립토펑크 커뮤니티의 불만이 고조될수록 크립토펑크의 바닥 가격은 하락했다. 반면 BAYC의 바닥 가격은 상승세를 이어나갔다. 결국 2022년 1월 초 많은 NFT 컬렉터가 예측했던 일이 벌어졌다. 두 PFP NFT 프로젝트의 바닥 가격 간에 역전The Flippening이 일어난 것이다. 비유하자면 암호 화폐 시장에서 이더리움이 비트코인을 제치고 1위 암호 화폐로 올라선 격이었다. 이에 당시 일부 NFT 컬렉터들은 역전은 일시적인 현상일 것으로 보았지만 이후 두 프로젝트의 바닥 가격 차

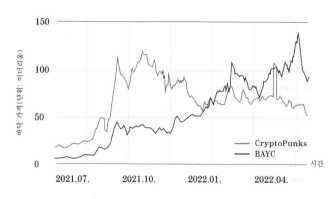

BAYC와 크립토펑크의 바닥 가격 추이

* Dune Analytics

이는 더욱 벌어졌다.

역전의 이유에는 상업적 사용권 부여에 대한 두 프로젝트의 접근이 달랐다는 점 외에도 몇 가지 이유가 있었다. BAYC의 주요 성장 요인들이 크립토펑크에게는 역전의 빌미로 작용했던 것이다.

역전의 시나리오

우선 BAYC는 PFP NFT 최초로 멤버십이라는 유틸리티를 도입한 것이 주효했던 반면 크립토펑크는 수집품 또는 예술품으로서의 성격이 짙었다. BAYC와 달리 크립토펑크 홀더에게 전용 스토어나 상품 등은 제공되지 않았다. 크립토펑크 홀더는 미비츠를 무료로 받을 수 있었지만 BAYC 홀더가 추가적으로 받은 NFT들에 비하면 부족했다. 일부 크립토펑크 홀더는 NFT.NYC 기간에 BAYC가 APE FEST를 개최하는 것을 보며 라바랩스의 이벤트가 부족하다고 불평하기도 했다.

BAYC와 크립토펑크는 홀더 수Unique Holders에서도 차이를 보였다. 이는 프로젝트들이 똑같이 1만 개의 NFT를 발행하더라도 한 사람이 여러 개의 NFT를 소유할 수 있기에 발생한다. 2022년 6월 말 기준으로도 BAYC의 홀더 수는 약 6400명인 데 반해 크립토펑크의 홀더 수는 3500여 명에 불과하다. 홀더 수는 가격과 파생 프로젝트, 두 가지 측면에서 중요한 지표다. 일반적으로 PFP NFT 투자자들은 홀더가 많을수록 해당 NFT의 바닥 가격 상승에 도움이 된다고 보는 경향이 있다. 홀더가 적을수록 소위 고래whales라고 불리는 큰손들이 다수의 NFT를 보유하고 있을 확률이 높고, 바닥 가격이 상승할 때 보유 물량을 매도하여 수익을 실현할 가능성도 높다고 보기 때문이다. 이 비율이 극단적인 경우 프로젝트의 신뢰도에도 영향을 미친다. 또한 인구가 국가의 경쟁력이 되듯, PFP NFT 커뮤니티 역시 홀더가 많을수록 창의적인 파생 프로젝트를 추진할 수 있는 이들도 많을 것이라 예상할 수 있다. 일부 프로젝트는 전략적으로 크리에이터 성향을 가진 홀더들을 합류시키기 위해 이들을 타깃으로 한 이벤트를 열기도 한다.

BAYC와 크립토펑크는 마케팅 역량에서도 차이를 보였다. 특히 타 기업과의 파트너십 체결에서 차이가 두드러졌다. BAYC는 아디다스와의 파트너십을 통해 언론의 조명을 받았다. 또한 아디다스 외에도 웹3.0 생태계 안팎의 다양한 플레이어들과 계속해서 협업하며 BAYC라는 브랜드를 알리고 선구자로서의 이미지를 공고히 했다. 암호 화폐 플랫폼인 '코인게코CoinGecko'의 공동 창업자이자 COOChief Operating Officer인 바비 옹Bobby Ong은 BAYC가 트위터를 통해 에이프코인 발행 계획을 살짝 흘렸던 것도 이유 중 하나로 봤다. 기존 및 잠재 홀더들에게 BAYC나 MAYC를 보유하고 있다면 에이프코인을 에어드롭 받을 수 있을 것이라는 기대감을 심어준 것이다. 크립토펑크에서는 이와 같은 마케팅 활동을 찾아보기 힘들었다.

BAYC의 베일을 벗겨라

2022년 1월, BAYC는 마침내 크립토펑크를 제치고 최고의 PFP NFT로 등극했다. 때마침 한 소문이 돌기 시작했다. 유가랩스가 a16z와 50억 달러의 기업 가치로 투자 유치를 논의 중이라는 소문이었다. 유가랩스가 짧은 기간 동안 보여 준 성공을 발판 삼아 높이 도약할 기회를 잡은 것이다. 하지만 호사다마라고 했던가. 예상 밖의 논란들이 일기 시작했다.

2022년 2월 5일 연예계 소식과 가십 뉴스로 유명한 미국 매체 버즈피드Buzzfeed의 기자 케이티 노토폴러스Katie Notopoulus가 BAYC의 공동 창업자들의 실체를 밝힌다는 기사를 냈다. 그는 해당 기사에서 유가랩스의 두 명의 핵심 창업자들의 실명을 공개했다. 기사에 따르면, 가가멜은 그렉 솔라노Greg Solano라는 32세의 작가이자 편집자였고 고든 고너는 와일리 아르노Wylie Arnow라는 35세의 남성이었다. 이전 인터뷰 기사들을 통해서도 공개됐듯 둘은 모두 플로리다에서 자랐으며 서로의 지인을 통해 교류하게 되었고 문학에 관심이 많았다. 가가멜은 버지니아대학교 출신으로 '월드 오브 워크래프트World of Warcraft'의 게임 디자이너 중 한 명과 함께 관련 책을 쓰기도 했다. 나머지 두 명의 공동 창업자 엠페러 토마토 케첩, 노 사스의 실명은 공개되지 않았다. 케이티 노토폴러스는 "거대 프로젝트를 운영하는 창업자가 밝혀지지 않은 것이 문제"라고 언급했다. 일반적으로 상장 기업의 대표들은 그들의 신원을 공개하도록 요구받는데, 유가랩스는 BAYC라는 거대한 프로젝트를 운영하고 있음에도 불구하고 아무도 실제 창업자가 누구인지 모른다는 점을 문제 삼은 것이다.

하지만 이에 대해 크립토 업계 특히 BAYC의 팬 중 상당수는 이와 같은 신원 공개는 사생활 침해일 뿐이라며 반발했다. 어떤 팬은 기자에게 당신의 가족들의 실명도 공개시켜 주겠다며 위협하기도 했다. 유가랩스의 CEO 니콜 무니즈Nicole Muniz도 후일 웹3.0 전문 언론인 'D3 네트워크D3 network'와의 인터뷰에서 해당 기사에 대한 실망감을 표했다. 무니즈는 기사가 공개되기 단 30분 전에서야 연락을 받았으며 당시를 유가랩스 창업자와 가족에게 위험했던 순간이라고 표현했다. 또한 해당 기사의 내용은 그저 두 공동 창업자의 실명을 밝힌 것이 전부로, 폭로할 만큼 새로운 내용도 없었다고 덧붙였다. 무니즈의 주장처럼, 기사 내용 대부분은 두 공동 창업자가 이전에 다른 인터뷰를 통해 공유했던 내용이었으며 일부는 기자의 추측에 불과했다. '신상 털기Doxxing'의 대상이 된 두 공동 창업자는 기사 배포 당일 자신들의 사진과 그들의 BAYC 이미지를 나란히 게시하며 왜 자신들의 신상이 공개돼야 했는지 의아하다고 말했다.

그러나 신상 공개 외에도 해결해야 할 몇 가지 논란이

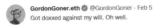

GordonGoner.eth ✓ @GordonGoner · Feb 5
Got doxxed against my will. Oh well.

Web2 me vs. Web3 me

Garga.eth ✓ @CryptoGarga · Feb 5
Got doxed so why not. Web2 me vs Web3 me.

💬 856   ↻ 735   ♡ 7,172   ↥

(위)ⓒGordonGoner 트위터
(아래)ⓒCryptoGarga 트위터

있었다. 먼저 BAYC의 밑그림을 담당한 동양계 여성 아티스트 세네카Seneca가 적절한 보상을 받지 못했다는 얘기가 있었다. 이에 대해 니콜 무니즈 CEO는 BAYC 이미지 제작에 참여한 아티스트들에게 모두 100만 달러 이상 지급했다고 해명하기도 했다. 케이티 노토폴러스는 앞서 소개한 기사에서 사실 확인을 위해 세네카에 접촉했으나 세네카는 이에 대해 코멘트하지 않았다고 밝혔다.

또한 일각에서는 BAYC의 원숭이 캐릭터의 복색이 인종차별적이라고 주장했다. 칸예 웨스트Kanye West 등 저명한 가수들과 함께 일한 크리에이티브 디렉터 라이더 립스Ryder Ripps가 가장 적극적으로 의견을 냈다. 그는 2022년 1월 웹 사이트를 만들어 그가 2021년부터 모은 근거를 제시했다. 또한 유가랩스와 나치의 연관성을 주장하며 BAYC의 진실을 조명하겠다는 의도로 BAYC에 기반을 둔 새로운 NFT 컬렉션 'RR/BAYC'를 만들었다.

Tradução: pt-BR

Bored Ape Yacht Club is Racist and Contains Nazi Dog Whistles

Bored Ape Yacht Club (BAYC) is a series of 10,000 anthropomorphized ape cartoons sold as NFTs. Since the project's launch in April 2021 the value has amassed to over $5B USD, and spawned many similar projects. The apes have various clothing and other traits, most

© gordongoner.com

음모론으로 치부되는 듯했던 립스의 근거는 점차 퍼져나가 급기야는 트위터를 비롯한 소셜 미디어에서 유가랩스의 두 창업자와 BAYC를 비난하는 글들이 나타나기 시작했다. 비난이 일자 유가랩스는 '유가Yuga'의 의미가 라이더 립스의 주장처럼 극보수주의나 전통주의자가 즐겨 사용하는 개념에서 따온 것이 아닌, 게임 〈젤다의 전설〉에 등장하는 캐릭터의 이름임을 밝히는 정도로만 대응했다.

그러나 논란은 더 커졌다. 2022년 6월 한 유튜버가 립스의 근거를 토대로 한 시간 분량의 다큐멘터리를 만들었고 해당 영상은 급속도로 확산됐다. 결국 유가랩스는 법적 대응에 나섰고, 오픈씨에 BAYC의 이미지를 그대로 가져와 만든 RR/BAYC의 제거를 요청했다. 더불어 BAYC의 가치를 지속적으로 훼손하고 있는 라이더 립스를 고소하고 소송을 진행하고 있다.

한편 반유대주의에 저항하기 위해 결성된 '안티 데퍼메이션 리그Anti-Defamation League·ADL'의 전문가들은 립스가 제시한 증거들에 의구심을 표했다. 많은 소송에 전문가로 참석한 바 있는 ADL의 시니어 연구원 마크 핏카비지Mark Pitcavage는 기술 전문 매체 '인풋Input'과의 인터뷰에서 립스가 주장한 BAYC 로고와 나치의 토텐코프 이미지 간에 연관성은 찾아볼 수 없었다고 말했다.

크립토펑크, 유가랩스의 품에 안기다

공동 창업자들과 관련된 논란에 뒤숭숭해진 BAYC 커뮤니티에 한 가지 놀라운 소식이 들렸다. 유가랩스가 크립토펑크와 미비츠를 인수한다는 소식이었다. 소문이 나온지 하루가 채 지나지 않은 2022년 3월 11일, 유가랩스와 라바랩스는 인수 성명을 발표했다. 뒤숭숭했던 분위기는 한순간 반전됐다. 유가랩스는 라바랩스로부터 423개의 크립토펑크, 1711개의 미비츠를 인수했고 이들의 저작권과 브랜드 및 로고를 포함한 기타 지식 재산권을 모두 보유하게 됐음을 알렸다.

인수 발표 후 유가랩스가 가장 먼저 한 일은 크립토펑크와 미비츠의 홀더들에게 자유로운 상업적 사용을 허용하는 것이었다. 또한 그들은 크립토펑크와 미비츠를 BAYC와 동일하게 멤버십 클럽 모델로 만들지는 않을 것이라고 발표했다. 덧붙여 두 컬렉션의 미래에 대해 무언가 결정하기 전에 반드시 커뮤니티의 의견부터 경청하겠다고 전했다. 이 성명문에서도 유가랩스가 PFP NFT 프로젝트의 운영에 있어 무엇이 가장 중요한지 잘 이해하고 있다는 사실이 드러났다. PFP NFT 프로젝트에서는 커뮤니티와 함께 산출물을 만들어 나가야 한다. 전통적인 기업처럼 하향식Top-down으로 접근해서는 커뮤니티 구성원의 지지를 이끌어 낼 수 없다. 또한 이야말로 웹3.0 업계의 탈중앙화 정신에도 부합하는 접근이라고 볼 수 있다.

같은 날 라바랩스의 공동 창업자들도 공식 홈페이지를 통해 성명을 발표했다. 그들은 이번 인수가 그들이 유가랩스에 합류하거나 라바랩스를 매각하는 것이 아님을 확인시켰다. 이어서 이번 계약을 진행한 이유도 밝혔다. 그들은 자신들의 전문성이 어떤 기술의 도입기에 그 기술을 이용하여 새로운 무언가를 창조해내는 데 있으며, PFP NFT 분야가 하나의 산업으로 발전해 갈수록 크립토펑크와 미비츠를 운영하는 것이 적성이 아님을 느꼈다고 밝혔다. 그들의 개인적인 성격과 역량이 커뮤니티 관리, PR Public Relation, 기타 PFP 사업을 이끌기 위해 매일 같이 요구되는 업무들을 수행하는 데 부적합하다고 판단했다고 덧붙였다. 또한 유가랩스의 공동 창업자들을 만났을 때 앞서 언급한 역량들을 갖추고 있다는 느낌을 받았다고 밝혔다. 라바랩스의 두 공동 창업자는 크립토펑크와 미비츠를 떠나 새로운 프로젝트를 시작할 것이다. 소유한 NFT는 두 창업자가 그대로 가지고 있으며 그들의 또 다른 프로젝트인 '오토글립스 Autoglyphs'는 그대로 운영한다.

인수 발표 후 크립토펑크의 가격은 수직 상승했다. 크립토슬램 CryptoSlam에 따르면 발표 후 24시간 동안 크립토펑크는 1880만 달러, 한화 246억 원에 달하는 규모로 거래됐다. 이는 전일 대비 1219퍼센트 증가한 수치였다. 바닥 가격 또한 11퍼센트 상승한 75ETH를 기록했다. 미비츠도 동 기간 거래량이 1850만 달러로 전일 대비 529퍼센트 증가했고, 바닥 가격은 32퍼센트 상승해 5.6ETH를 기록했다. BAYC 또한 동 기간 거래량이 1000만 달러를 넘어섰고, 바닥 가격은 8.99 퍼센트포인트 상승하여 약 96.87ETH를 기록했다.

가격 상승 외에도 이 인수에는 몇 가지 시사점이 있었다. 이미 BAYC가 크립토펑크를 역전하면서 최고의 PFP NFT 프로젝트로 등극한 상황이긴 했으나, 이번 인수를 통해 유가랩스는 최초의 PFP NFT까지 소유하게 됐다. 비로소 진정한 NFT 파워하우스로 거듭난 것이다.

해당 인수는 콘텐츠 사업자에게도 새로운 기회가 됐다. 가치 있는 IP 자산을 구매해 포트폴리오를 다각화할 수 있기 때문이다. 유가랩스는 BAYC, MAYC, BAKC 등으로 구성된 BAYC 중심의 세계관뿐만 아니라 크립토펑크와 미비츠라는 새로운 IP 자산을 확보했다. 흥행 산업의 특성을 띠는 PFP NFT 시장의 경우, 향후 어떠한 프로젝트가 어떤 형태로 언제 성공할지 누구도 예측할 수 없다. 그래서 유가랩스는 사용할 수 있는 카드패를 늘렸다.

BAYC의 인수는 PFP NFT 산업 전반에도 의미 있는 발전이었다. 유가랩스와 아디다스의 파트너십 체결, 나이키의 아티팩트 인수로 NFT 분야가 산업화되는 모습을 보여 준 바 있었으나, 여전히 대부분의 PFP NFT는 기업보다는 프로젝트의 성격이 강했다. 실험적인 프로젝트였던 크립토펑크가 투자를 논의 중이었던 유가랩스에 매각된 것은 PFP NFT 시장의 본격적인 기업화를 의미했다. 이와 같은 흐름은 파편적이었던 시장이 점차 소수의 상위 플레이어를 중심으로 통합consolidation될 수도 있다는 단서였다. 물론 긍정적인 반응만 있었던 것은 아니다. 웹3.0 커뮤니티 일부에서는 유가랩스의 크립토펑크와 미비츠 인수가 탈중앙화를 저해하는 움직임이라고 보기도 했다.

유가랩스가 인수를 발표한 지 일주일도 채 지나기 전, 시장에는 연이어 놀라운 소식들이 전해졌다. 3월 17일에는 유가랩스가 자체 코인인 에이프코인의 출시를 발표했고, 바로 다음 날에는 메타버스 게임 '아더사이드Otherside'의 티저 비디오를 공개했다.

ApeCoin 로고

Otherside 로고

에이프코인 출시 소식과 아더사이드의 티저 비디오는 BAYC뿐만 아니라 전체 NFT 커뮤니티를 흥분시켰다. 티저 비디오에는 유가랩스의 프로젝트뿐 아니라 '쿨캣CoolCats', '크립토즈Cryptoadz', '나운스Nouns', '월드오브우먼World of Woman' 등의 다른 블루칩 PFP NFT 프로젝트들이 함께 등장했다. 이 사실은 곧 아더사이드가 BAYC 유니버스를 넘어 전체 NFT 커

ⓒBAYC 유튜브

티저 영상에 등장한 다른 PFP NFT 프로젝트들. 윗줄 왼쪽부터 시계 방향으로 나운스, 미비츠, 월드오브우먼, 크립토펑크, 크립토즈, MAYC, 쿨캣츠 ⓒBAYC 유튜브

뮤니티를 타깃으로 제작되고 있다는 걸 시사했다.

3월 22일에는 a16z를 비롯한 글로벌 VC들의 시드 라운드 seed round 투자가 공식적으로 발표됐다. 투자 규모는 무려 4억 5000만 달러(5463억 원)였고 기업 가치는 40억 달러(4조 8800억 원)에 달했다. 역대 최대 개발비가 투입된 게임으로 알려진 '사이버펑크 2077'은 3472억 원에 개발됐다. 그 뒤를 2931억 원이 투입된 'GTA5'가 잇는다. 한국의 '리니지2' 개발에는 500억 원이 투입됐다. 기존 게임 개발에 들인 액수를 고려할 때 유가랩스는 최소 한 번 이상 주사위를 굴려 볼 기회를 확보했다.

시드 라운드 투자에는 총 36곳의 VC와 기업이 참여했고 유가랩스는 14퍼센트의 지분을 내놨다. 한 곳당 평균 지분율은 0.5퍼센트 내외일 것으로 알려졌다. 웹3.0 기업에 활발히 투자하고 있는 a16z가 딜을 주도했으며 코인베이스Coinbase, FTX 트레이딩, 애니모카 브랜드Animoca Brand, 문페이 등 웹3.0 업계의 쟁쟁한 기업들이 투자에 참여했다. 국내에서도 삼성 넥스트Samsung Next와 해시드 벤처스가 투자에 참여해 화제가 되었다. 유가랩스는 시드 투자 자금으로 엔지니어와 오퍼레이션을 담당할 이들을 확충하는 한편, 조인트 벤처 설립과 파트너십도 추진하겠다고 밝혔다.

유출된 문서가 말하는 것

한편, 투자 유치 소식이 공식 발표되기 며칠 전부터 NFT 업계에서는 비공식 문서 하나가 공유됐다. 유가랩스가 a16z에 제출했던 것으로 추정되는 투자 제안서였다. 일반적으로 투자 제안서와 같은 문서는 외부로 유출될 일이 없다. 때문에 이 유

가가멜이 BAYC의 디스코드 서버에서 유출된 문서에 대해 직접 해명한 내용[51] ⓒBAYC Discord

출은 유가랩스의 투자 유치에도 악영향을 미칠 수 있는 일이었다. 또한 에이프코인과 아더사이드의 출시 발표는 문서 유출 이후였기 때문에 해당 문서를 설명하는 기사들은 일종의 스포일러가 됐다. 유가랩스의 공동 창업자 중 한 명인 가가멜은 해당 문서는 이전 버전이며 심지어 자신과 고든 고너는 직접 본 적도 없었다고 주장했다. 그러나 가가멜의 발언과 달리 이후 유가랩스의 행보는 문서의 내용과 상당 부분 일치했다. 90페이지 분량의 문서는 '회사Company, BAYC의 성과, 미래 & 로드맵Future & Roadmap, 재무Financials' 네 파트로 구성돼 있다. 각 파트의 내용을 통해 유가랩스의 계획을 살펴볼 수 있다.

누가 일하는 회사인가

첫 번째 파트는 '회사'다. 첫 부분에는 실명을 공개한 C레벨 경영진의 명단과 이력을 담았다. CEO 니콜 무니즈는 소수 지분 투자자Minority Partner였으며 브랜드 육성에 이력을 가진 인물로 소개됐다. 무니즈는 소비자 마케팅 분야에서 10년 이상 일했으며, 구글, 페이스북, 오스카Oscar, 나이키, HBO, 스포티파이 등의 회사와 협업한 경험이 있었다. COO인 재스민 슈메이커Jasmin Shoemaker는 15년 이상 테크 업계에 몸담아 온 베테랑으로 애플, 페이스북과 같은 기업에서 오퍼레이션 업무를 맡아 왔다. CCOChief Creative Officer인 패트릭 에를룬드Patrick

Ehrlund 또한 소수 지분 투자자인데 브랜드 스토리텔링 영역에서 15년 이상 경력을 쌓아 왔다. 게임 기업인 '일렉트로닉 아츠Electronic Arts', 구글을 비롯한 기업과 칸예 웨스트 등의 아티스트와도 함께 일했다. 유가랩스는 출범한 지 채 1년도 되기 전에 46명의 직원을 모았으며 대부분은 실리콘밸리의 빅 테크 기업에서 일했거나 마케팅으로 유명한 대기업 출신으로 구성되어 있었다.

유가랩스의 임직원 구성에서도 라바랩스와의 역량 차이가 두드러졌다. 유가랩스는 프로젝트 초기부터 기업화를 위해 브랜드, 마케팅, 테크 분야의 전문가를 고용했다. 반면 라바랩스는 크립토펑크와 미비츠를 론칭한 이후에도 팀을 확장하지 않았다. 공동 창업자들 스스로도 계속해서 구글 크리에이티브 랩스Google Creative Labs 소속을 유지하며 겸업했던 것으로 알려져 있다.

회사 파트의 말미에서는 유가랩스의 향후 사업 방향을 간략히 언급했다. 유가랩스는 앞으로의 사업 계획을 공개했는데, IP 확장(신규 론칭 및 인수), 새로운 유틸리티 제공, 신제품 개발, 메타버스 영역 확장, 게임, 스트릿 웨어, 이벤트 등 버티컬 영역의 확장이었다. 다른 내용은 그들이 늘 추구해 왔던 영역이었으나, IP 확장 부분이 눈에 띄었다. 앞서 살펴 봤듯이 이 문서가 작성된 이후 유가랩스는 실제로 크립토펑크와 미비츠를 인수했으며, 아더사이드 게임 속의 새로운 NFT IP들을 론칭했다.

BAYC의 성과 지표

문서의 두 번째 파트는 BAYC의 성과를 소개하고 있다. 유가 랩스는 BAYC가 최고의 블루칩 프로젝트인 이유를 제시했다. 크게 세 가지였는데, 앞서 살펴본 BAYC의 성공 요인 중 다양한 기업과의 협업에 해당하는 내용을 제외하고는 모두 일치했다. 우선 그들은 유틸리티가 핵심이라고 봤다. 그들에게 유틸리티는 멤버십이었다. 멤버십은 NFT의 희소성을 잘 살려주는 장치였다. 홀더들에게 상업적 사용권을 부여한 것 역시 큰 성공 요인이었다고 봤다. 끝으로 셀럽들과 테크 업계 리더들의 지지 또한 하나의 요인으로 꼽았다.

BAYC가 달성한 정량적 성과 중 가장 인상적인 수치는 BAYC의 누적 거래량이 오픈씨 전체 거래량의 10퍼센트를 차지한다는 것이다.[52] 2022년 4월 초 오픈씨 누적 거래량 기준 상위 100개 PFP NFT 프로젝트 중 유가랩스가 보유한 다섯 개 프로젝트의 누적 거래량은 42퍼센트에 달했다. 이러한 수치는 BAYC의 존재감을 보여줄 뿐 아니라 PFP NFT 시장 자체가 소수의 최상위 프로젝트에 집중돼 있다는 사실 또한 보여 준다.

미래와 로드맵

세 번째 '미래 & 로드맵' 파트에서는 메타버스 사업의 청사진을 밝혔다. 유가랩스는 메타를 포함한 많은 회사가 메타버스 사업에 뛰어들고 있으나 아직 진정한 메타버스는 등장하지 않았다고 지적했다. 특히 가상의 소셜 허브는 메타버스를 구현하기에 충분하지 않으며, 메타버스 제품 각각은 연결되지 않을 것임을 문제로 꼽았다. 그들은 이에 대한 해결책으로 게임 '메타Meta RPG'를 내세웠다. 이 계획은 이후 아더사이드 게임으로 발표됐다.

또한 유가랩스는 BAYC의 세계관을 넘어서는 무언가를 만들기를 원했다. 그를 위해 더 큰 NFT 커뮤니티가 BAYC 세계관에 합류하길 바랐다. 만일 진정으로 탈중앙화되고 상호 정보 교환이 가능한Interoperable 메타버스를 만든다면 실현 가능할 것이라 주장했다. 그들은 게임상의 돈을 실제 돈처럼 사용할 수 있고, 유저들이 게임 속의 땅과 자원을 소유하면서, 모두가 자신의 NFT 캐릭터를 사용할 수 있고, 누구나 게임 속에서 자산을 생성해 낼 수 있는 공간을 그리고 있었다.

이를 실현하기 위해 우선 SDK(Software Development Kit·소프트웨어 개발 키트)와 인 게임in-game 앱스토어를 제공하겠다고 밝혔다. SDK를 통해 유저들은 기존 NFT 컬렉션이든 새로운 IP이든 누구나 게임의 캐릭터, 스킨, 디지털 의류, 장비를 직접 창조할 수 있다. 당연히 이에 대한 소유권이 주어지고 교환도 가능하다. 게임을 개발할 수 있는 툴을 제공해 유저들이 직접 게임을 만들 수도 있다. 유가랩스는 이미 블록체인 투자사인 '애니모카 브랜드Animoca Brands'와 레이싱 게임 개발을 논의 중이라고 언급하기도 했다.

유가랩스는 단순히 게임을 만드는 게 아니라 하나의 새로운 경제 체제를 만들고 있다고 언급했다. 그 핵심에는 새로운 경제 체제를 위한 화폐인 에이프코인이 있었다. 유출 문서에는 에이프코인에 대한 자세한 정보는 소개되지 않았다. 다음 장에서 유가랩스의 에이프코인 비화를 다룬다.

다음은 메타RPG에 대한 설명이었다. 메타RPG는 랜드 세일과 함께 시작된다. 여기서 랜드 세일은 말 그대로 가상 공간의 토지를 판매하는 것을 말한다. 문서 속에 담긴 랜드 세일 계획은 다음과 같았다. 랜드는 총 20만 개로 구성되어 있으며 모두 애니모카 브랜드를 통해 출시된다. 20만 개 중에 10만 개는 초기 배포Genesis drop로 초기 발행된다. 보통 초기 배포는 더 많은 유틸리티와 특전이 보장되므로 의미가 깊다. 이렇게 초기 배포된 10만 개 중 30퍼센트는 BAYC와 MAYC 홀더에게 지급되고 70퍼센트는 퍼블릭 세일 형태로 판매될 계획이었다.[53] 랜드 가격은 1ETH로 설정됐다. 유가랩스는 랜드 판매를 통해 2억 달러의 수익이 발생할 것으로 기대했다. 이 랜드들은 랜덤하게 각종 자원과 아이템을 보유하고 있다. 운이 좋으면 게임 내에서 캐릭터로 사용할 수 있는 '코다Koda'를 받을 수 있었다. 코다 또한 총 1만 개가 랜덤하게 배정된다.

메타버스를 제작하겠다는 계획과 별개로, 유가랩스는 에이프코인과 아더사이드 론칭을 통해 다시 한번 신규 회원 모집을 시도했다. MAYC 발행 때와 메커니즘은 동일했다. 에이프코인과 아더사이드의 NFT 발행은 기존 BAYC 유니버스 멤버에게는 금전적 보상을 제공했고, 높은 가격 때문에 BAYC 유니버스 진입을 망설였던 이들에게는 입장 기회를 제공했다. 하지만 일각에서는 여전히 그저 잘 포장된 폰지 사기가 아니냐는 의문을 보인다. 유가랩스의 방식이 새로운 세계를 설계하는 방식이었는지 혹은 폰지 사기였는지는 결국 아더사이드가 '레디 플레이어 원 모먼트Ready Player One Moment'[54]를 선사할 수 있을 것인지에 달렸다.

유가랩스의 재정

마지막 파트는 유가랩스의 재무 정보를 다룬다. 먼저 손익 계산서Income Statement부터 살펴보자. 2021년에 기록한 총 수익 Total Revenue은 1억 3700만 달러(1500억 원)였다. 2022년에는 2021년 매출의 네 배에 달하는 5억 4000만 달러를 벌어들일

손익 계산서

	2022년 추정	2021년 당기
총 매출	539.30	137.58
매출 원가	6.49	6.23
매출 총이익	532.81	131.35
매출 총이익률	98.8%	95.5%
비용		
광고비 및 커뮤니티 빌딩 비용	15.25	2.03
제품 및 기술 개발 비용	37.06	0.19
인건비	17.10	0.06
법무 등 용역비	3.20	0.64
기타 비용	5.00	1.32
총 비용	77.61	4.24
순이익	455.20	127.11
순이익율	84.4%	92.4%

* 단위: 백만 달러

것으로 추정하고 있었다. 맨 아래에 기록된 순이익률Net revenue 또한 놀라운 수치였다. 2021년에는 92.4퍼센트를 기록했고 2022년에는 아더사이드 등 제품 개발에 비용이 투입되면서 84.4퍼센트로 추정됐다.

비용expense 부분에서는 총 비용Total Expense을 18배가량 늘릴 것으로 계획하고 있다는 걸 알 수 있다. 유가랩스의 올해 사업이 대대적으로 확장할 것임을 짐작할 수 있다. 그런데 세부 항목을 보면 절대적인 액수는 모두 증액되었으나 총 비용 대비 비중 관점에서는 증감이 있다. 이를 통해 유가랩스의 향

유가랩스 비용 구조와 항목별 비중

	2022년 추정	2021년 당기	증감률
총 비용	77.61	4.24	1730%
광고비 및 커뮤니티 빌딩 비용	15.25(20%)	2.03(48%)	-28%
제품 및 개발 비용	37.06(48%)	0.19(4%)	43%
인건비	17.10(22%)	0.06(1%)	21%
법무 등 용역비	3.20(4%)	0.64(15%)	-11%
기타 비용	5.00(6%)	1.32(31%)	-25%

* 단위: 백만 달러

2022 전략 투자 계획

커뮤니티 빌딩	게임	아더디드(토지) 판매
마이애미 이벤트 APE Fest 트레져헌트	BAYC vs. MAYC Trial of Jimmy the Monkey Mecha Apes Game Bored Ape Kennel Club	아더디드 판매 및 개발 100K 판매
비용: $ 15.9M 기대수익: 값을 매길 수 없음	**비용: $ 28.2M** 기대수익: 20배	**비용: $ 4.6M** 기대수익: 77배

후 사업 운영 기조를 어느 정도 엿볼 수 있다. 유가랩스가 투자 유치 소식을 전했던 성명문 내용대로 제품과 기술 개발 그리고 인력 유치를 위한 예산 비중이 대폭 증가했다. 이는 유가랩스가 아더사이드 등의 제품 개발에 진력할 것임을 보여준다.

'전략적 투자' 페이지에서는 비용 사용처와 기대 수익을 확인할 수 있다. 우선 커뮤니티 빌딩 항목에서는 APE FEST 등 이벤트 개최 비용으로 1600만 달러(2100억 원)를 사용할 것으로 예상했다. 이 건은 투자 수익return의 값을 매길 수 없다고 보았는데, 유가랩스가 브랜드 조성을 얼마나 중요하게 여기고 있는지 알 수 있는 대목이다. 미니 게임 제작에

유가랩스 2022년 예상 매출

	수익 구조	매출	매출 비율
총 비용		539.30	100.0%
Land Sales	민팅 수익	357.02	66.2%
BAYC	2차 거래 수수료	105.16	19.5%
Mecha Ape	민팅 수익	50.15	9.3%
Land Sales	2차 거래 수수료	19.41	3.6%
Goblins	2차 거래 수수료	5.39	1.0%
Mechanical Dogs	민팅 수익	2.16	0.4%

* 단위: 백만 달러

2800만 달러(370억 원)를 투입할 예정이며 수익은 20배(5억 6000만 달러, 7400억 원)를 기대했다. 끝으로 랜드에는 500만 달러(66억 원)를 투입해 77배의 수익을 기대하고 있었다.

문서에서는 2022년 수익원에 대한 내용도 담고 있다. 우선 가장 큰 비중을 차지할 것으로 추정되는 항목은 아더사이드의 토지 민팅 수익이었다. 이어서 두 번째로 높은 비중을 차지하는 항목은 BAYC의 2차 거래 수수료였다. 유가랩스는

BAYC의 연간 2차 거래 수수료 수익이 1억 500만 달러에 달할 것으로 예측했다.

이후의 항목 중 'Mecha Ape'와 'Mechanical Dogs'에 대한 내용은 아직까지 밝혀지지 않았다. 2022년 내에 에이프 코인과 아더사이드 외에 다른 NFT 컬렉션을 발행한다면 이들과 관련이 있을 것으로 보인다.

NFT 시장에서는 '고블린Goblins'이라는 항목을 둘러싸고 수많은 소문이 들렸다. 위의 표와 같이 유가랩스는 민팅 수익과 2차 거래 수수료 수익을 구분하여 기재했다. 그런데 랜드, Mecha Ape, Mechanical Dogs는 모두 민팅 수익을 명시했는데, 고블린의 경우에는 2차 거래 수수료 수익만 제시돼 있다. 이는 이미 고블린을 론칭한 상황이거나 처음에 무료로 배포했을 때에만 가능한 상황이다. 이에 따라 일각에서는 유가랩스가 2022년 중에 고블린이라는 NFT 컬렉션을 무료 배포하는 게 아니냐는 의견이 있었다.

그런데 실제로 '고블린 타운Goblin Town'이라는 이름의 PFP NFT 프로젝트가 2022년 5월에 론칭됐다. 게다가 무료로 배포됐다. 이들은 특유의 기괴한 그림과 트위터 스페이스 Space[55] 상에서 홀더들이 고블린 소리를 흉내 내는 콘셉트로 웹 3.0 시장이 전반적으로 침체한 상황에서도 상당한 인기를 끌었고 성공적인 블루칩 프로젝트로 자리 잡았다. NFT 커뮤니

고블린타운 오픈씨 등록 이미지 ⓒOpenSea 홈페이지

티에서는 당연히 이 프로젝트의 배후가 유가랩스라고 보기 시작했다. 하지만 프로젝트 출범 한 달여 후 고블린 타운의 창업자와 유가랩스의 가가멜이 두 회사 간에는 아무런 관련이 없다고 밝히면서 해프닝으로 끝나고 말았다. 그래서 아직까지 문서의 Goblins가 무엇을 의미하는지는 밝혀지지 않았다.

5

원숭이 제국을 건설하다 ;

2022년 3월 이후

로드맵

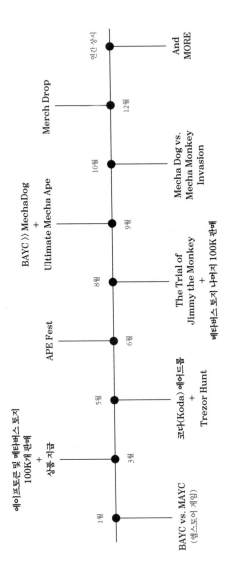

지금까지 유출된 문서를 통해 유가랩스의 향후 계획을 살펴 보았다. 유가랩스의 시드 라운드 유치 후 이 계획은 어떻게 실행됐을까?

우선 3월에는 계획대로 에이프코인을 발행했다. 유출된 문서와는 달리, 에이프코인의 공식 웹 사이트는 에이프코인의 거버넌스governance 구조와 역할 그리고 배분 계획 등에 대한 상세한 정보를 제공하고 있다. 주요 내용들을 살펴보자.

에이프코인, 논란의 암호 화폐

우선 에이프코인의 조직 관리 및 운영 체제인 거버넌스는 에이프코인 다오DAO가 맡는다. 모든 에이프코인 홀더들은 DAO(Decentralized Autonomous Organization·탈중앙화 자율 조직)[56] 멤버로서 에이프 개선 제안 프로세스APE Improvement Proposal Process를 통해 생태계 펀드 할당Ecosystem Fund allocations, 거버넌스 룰Governance Rules 프로젝트 추진, 파트너십 체결 등에 대한 의사 결정에 참여할 수 있다. 이렇듯 에이프코인은 아더사이드에서 통화로 쓰일 뿐만 아니라 에이프코인 다오의 거버넌스 토큰으로서의 역할도 겸한다.

에이프코인 다오에는 일반 멤버뿐만 아니라 두 개의 조직이 별도로 존재한다. 하나는 각종 실무를 전담하는 에이프 재단APE Foundation이다. 에이프 재단은 에이프코인 다오가 결정

에이프로인 안건 처리 과정 공유 예시

| | Generate AIP Idea | | Prepare AIP Draft | | Completed AIP | | Total |
	Community discussion	Author Preparation	Moderator review	Question sent	Council review	Ready for vote	
AIP Ideas	9	11					20
Brand			2	2	0	0	4
Information			0	0	0	0	0
Ecosystem Fund			3	0	0	0	3
Process			0	0	0	0	0
Total	**9**	**11**	**5**	**2**	**0**	**0**	**27**

* 에이프로인 트위터

한 사항을 집행하고, 장부와 프로젝트 관리 등의 업무를 맡는다. 또한 다중서명 지갑Multi-sig wallet에 의해 관리되는 펀드를 이용하여 에이프코인 다오 감독 하에 각종 비용을 집행하며, 멤버들이 협업할 수 있는 인프라를 제공한다.

다른 하나는 보드진이다. 이들은 재단 관리자에 대한 감독, DAO 운영에 대한 제안 관리, 커뮤니티의 비전을 실현하기 위한 제반 업무를 수행한다. 현재 첫 번째 보드진에는 다섯 명이 소속돼 있다. 레딧의 창업자 알렉스 오하니언, FTX 소속의 에이미 우Amy wu, 애니모카 브랜드의 창업자 얏 시우Yat Siu, 사운드 벤처스의 마리아 바즈와Maria Bajwa, 호라이즌 랩스Horizon Labs의 딘 스테인백Dean Steinbeck이다. 임기는 6개월이며 차기 보드진은 매년 DAO 멤버들의 투표로 결정된다.

에이프코인 다오는 아직 표준이 존재하지 않는 DAO라는 조직의 운영 방식을 나름대로 정립하는 한편, 멤버 교육에도 노력을 기울이고 있다. 에이프코인 다오는 멤버들이 제시한 안건이 최종 통과될 때까지의 전 과정을 공식 웹 사이트와 트위터 등을 통해 상시 공유하고 있다. 유가랩스가 BAYC 커뮤니티를 이끌어 왔던 방식을 고려했을 때, 에이프코인 다오 또한 홀더들과 소통하며 오퍼레이션 프로세스를 계속해서 개선해 나갈 것이라고 예상된다.

다음은 에이프코인의 할당 계획이다. 우선 에이프코인

의 총 공급량은 10억 개로 고정되어 있다. 이 중 62퍼센트는 생태계 펀드, 16퍼센트는 유가랩스와 자선 단체, 14퍼센트는 출시 기여자, 8퍼센트는 BAYC 창업자들에게 배분했다.

각각을 살펴보면, 펀드는 먼저 1억 5000만 개의 에이프 코인을 BAYC와 MAYC 홀더에게 배포했다. 홀더들이 보유한 NFT의 조합에 따라 수령 가능한 토큰의 양이 달랐는데, BAYC만 신청하면 1만 94개, MAYC만 하면 2042개, BAYC와 BAKC를 조합하여 신청한다면 1만 950개, MAYC와 BAKC를 조합한다면 2898개를 받을 수 있었다. 멤버십 혜택의 일종이 었다. 나머지 토큰들은 모두 DAO 트레져리(Treasury·금고)로 귀속되었다.

다음으로 16퍼센트에 해당하는 에이프코인은 유가랩 스에게 할당됐는데 그들은 그 중 6.25퍼센트를 생명 다양성 재단인 제인 구달 재단[57]에 기부하기로 했다. 14퍼센트는 출 시 기여자들에게 배정됐는데 그들이 누구인지 명시되지 않았 으나 유가랩스에 투자했던 벤처 캐피털들일 것으로 추정된 다. 나머지 8퍼센트는 유가랩스의 공동 창업자 네 명에게 지 급됐다.

일각에서는 이와 같은 토큰 할당 계획에 대해 불만의 목소리를 내기도 했다. 예의 신규 회원 모집 방식에 대해 폰지 사기라고 지적하거나, 벤처 캐피털 등에 할당된 토큰 비중이 높다며 DAO의 중앙화를 우려하기도 했다. 또한 유가랩스 창업자들에게 배정된 토큰 비중을 보며 너무 욕심부리는 게 아니냐는 주장도 있었다.

참고로 에이프코인의 가격은 미국 암호 화폐 거래소 코인베이스를 기준으로 2022년 3월 17일에 1달러로 출발했다. 이후 4월 29일에 23.62달러까지 치솟기도 했는데, 이는 4월 30일에 있었던 아더사이드의 토지인 아더디드Otherdeed의 판매가 에이프코인으로만 이루어져, 이에 참여하려는 이들이 에이프코인을 매집하여 나온 결과였다. 에이프코인의 가격은 암호 화폐 시장의 침체기가 시작된 이후 7월 초 현재는 5달러 내외를 횡보 중이다.

아더디드, 토지이자 멤버십

에이프코인 론칭 한 달 뒤인 2022년 4월 30일에는 예정대로 아더디드 20만 개 중에 10만 개를 먼저 배포하기로 했다. 나머지 절반의 판매 계획 일정은 2022년 7월 초인 현재까지 공개되지 않았다. 앞서 언급했듯 아더디드는 에이프코인으로만 구매할 수 있고, 토지 하나당 가격은 305에이프코인이었다. 아더디드의 판매 전날 에이프코인의 가격이 20달러 이상으로 치솟은 것을 고려했을 때 토지당 가격은 6000달러 이상이었다. 유출된 문서가 작성된 시점은 2022년 2월로 이더리움 가격은 개당 3000달러 내외였는데, 당시 유가랩스는 토지당 가격을 1ETH로 설정했다. 계획보다 두 배 정도의 수익을 거둔 것이다.[58]

아더디드의 배포도 유출된 문서상의 계획과는 다른 점이 있었다. 해당 문서에서는 10만 개의 토지 중 70퍼센트에 해당하는 7만 개의 토지를 퍼블릭 세일로 판매할 예정이라고 밝혔지만 실제로는 55퍼센트인 5만 5000개만 배정했다. 나머지 4만 5000개 중에 1만 개는 BAYC 홀더들에게 지급되었고, 2만 개는 MAYC 홀더들에게, 나머지 2만 5000개는 유가랩스 및 프로젝트 개발에 참여한 회사들에게 할당됐다. 아더디드를 보유한 홀더들은 게임 출시 전에도 몇 가지 혜택을 누릴 수 있다. 아더사이드의 프로토 타입을 만들거나, 데모 테스트에 참여할 수 있으며 이는 최종 게임 디자인과 내용을 만드

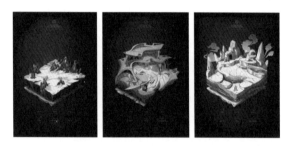

아더디드 #91688 #86266 #97390 ⓒOpenSea 홈페이지

아더디드 인 게임 플레이 영상 ⓒOthersideMeta 트위터

는 데 반영된다. 코다 또한 계획대로 1만 개가 랜덤하게 분배되었다. 2022년 7월 초 기준으로 코다가 없는 아더디드는 바닥 가격이 2.9ETH 정도로 형성됐는데 코다가 배치된 아더디드의 경우 19.5ETH 정도의 가격에 거래되고 있어 코다 하나의 가격이 16ETH에 달하고 있다.

참고로 최근 아더사이드의 인 게임 플레이 영상이 공개되기도 했다. 게임에 대한 NFT 컬렉터들의 반응은 대체로 부정적이었다. NFT.NYC 2022에서 일부 연사는 '파이버fiverr'[59]에서 모집한 개발자들과 급조한 게임 아니냐며 혹평하기도 했다. 그러나 개발은 이제 막 시작했을 뿐이다. 유가랩스의 과거 행적을 고려했을 때 이러한 비난을 흘려듣지 않고 게임을 개선해 나갈 것으로 기대한다.

다만 탈중앙화를 지향하는 아더사이드가 내부 경제 시스템을 계층화한 것은 아쉽다. 에이프코인과 아더디드의 절반 이상이 이미 BAYC와 MAYC 홀더들, 기관 투자자, 그리고 이더리움 고래에게 배포되었다. 향후 아더사이드에 합류할 다른 PFP NFT 프로젝트와 NFT 컬렉터들은 에이프코인을 유일한 통화로 사용하고 아더디드 위에서 활동해야 하는데 이러한 경제 구조를 그대로 받아들일 수 있을지 의문이다. BAYC 유니버스에 일찍 합류할수록 혜택을 더 많이 누릴 수 있는 지금의 구조가 과연 언제까지 지속 가능할지 지켜볼 일이다.

원숭이들의 축제, APE FEST 2022

6월에는 NFT.NYC 기간에 맞추어 APE FEST 2022를 개최했다. NFT.NYC는 올해도 프로젝트들 간의 치열한 홍보 경쟁의 장이었다. 단연 돋보인 프로젝트는 역시 BAYC였다. APE FEST 2022 입장은 BAYC와 MAYC 홀더 그리고 그들이 추가로 데려올 수 있는 1인으로 한정됐다. 매일 저녁에는 피어 17 건물 옥상에서 공연이 열렸다. 그중에는 앞서 BAYC를 보유한 셀럽으로 소개했던 릴 베이비, 스눕 독, 팀발랜드뿐 아니라, 에미넴Eminem, 릴 웨인Lil Wayne 등이 포함됐다. 또한 홀더들을 위한 전용 상품과 무료 음식이 제공됐다. 암호 화폐 시장 전반의 침체에도 불구하고 APE FEST 2022는 이름 그대로 축제였다.

APE FEST 2022 ⓒBAYC 트위터

APE FEST 2022를 마친 후 유가랩스는 다시 아더사이드 개발에 주력하고 있는 것으로 보인다. 유출된 문서의 로드맵대로라면 2022년 8월에는 미니 게임을 하나 론칭하고 아직 판매하지 않은 절반의 아더디드를 판매해야 한다. 또한 하반기에는 앞서 소개했던 새로운 NFT 컬렉션을 론칭할지도 모른다. 유가랩스와 BAYC의 이후 행보를 함께 지켜보자.

APE FEST 2022 ⓒBAYC 트위터

에필로그

유가랩스의 혁신은
지금부터다

지금까지 유가랩스의 시작부터 성장기 그리고 미래 계획을 살펴보았다. 아마 그동안 대중 매체를 통해 인식해 왔던 NFT에 대한 얘기와는 사뭇 다른 느낌을 받았을 것이다. 여전히 NFT 시장에 대한 사회적 인식은 폰지 사기나 거품과 같이 부정적인 해석에 가까운 듯하다. 하지만 그저 표면적인 해석과 편견에 그친다면 NFT와 블록체인이 가지고 있는 무한한 잠재력을 묻어 두고 방치하는 것과 다름없다. 유가랩스의 사례에서 확인했듯이 NFT 시장에는 앞으로 주목해 볼 만한 많은 사업 기회들이 숨어있다. NFT 시장과 기술에 대해 면밀히 이해하는 이들만이 이러한 기회를 손에 쥘 수 있을 것이다. 유가랩스는 이를 실행했고, NFT 파워하우스로 거듭날 수 있었다. 특히 다음의 이유들이 주효했다.

먼저 유가랩스의 공동 창업자들은 그들이 무엇을 잘하고 무엇을 못하는지 알고 있었다. 그들은 그들의 강점을 바탕으로 웹3.0 커뮤니티의 니즈를 채워줄 방안을 계속해서 모색했다. 결국 경쟁자들보다 앞서 BAYC를 시작할 수 있었다. 빠른 기업화를 통해 부족한 부분을 채워줄 동료를 찾았고, 덕분에 BAYC 유니버스를 독보적인 콘텐츠로 성장시킬 수 있었다.

유가랩스는 PFP NFT 프로젝트의 핵심이 무엇인지 파악하고 있었다. 차별화를 위한 방법과 개방적인 프로젝트 운영의 중요성을 알았다. 이는 유가랩스가 크립토펑크와 미비츠의 IP를 인수하는 과정에서 잘 드러나기도 했다. 그리고 아는 데서 그치지 않고 철저히 실천에 옮겼다. 이는 BAYC와 크립토펑크 간에 바닥 가격 역전이 일어난 결정적인 이유였다.

탈중앙화와 상호운용성interoperability을 최우선 가치로 두고 있다는 점도 긍정적으로 평가할 만하다. 메타 등 기존 빅테크 기업들이 메타버스를 과연 구현해 낼 수 있을지 의심받는 이유도 역설적으로 여기에 있다. 유가랩스가 BAYC 파생 프로젝트의 출범을 촉진하고 아디다스 등과 파트너십을 통해 만든 성과를 고려했을 때, 아더사이드는 기존의 어떤 플랫폼들보다 개방적으로 운영될 가능성이 있다. 열린 구조를 통해 크리에이터들과 끝없이 세계관을 확장해나가며 진정한 메타버스를 구현해 낼지도 모른다.

끝으로 유가랩스의 진정성을 언급하고 싶다. 유가랩스는 늘 커뮤니티와 성장의 과실을 나누려 했고 이를 통해 강력한 팬덤을 형성할 수 있었다. 또한 유가랩스는 그들의 약속을 반드시 지켜 왔다. 유가랩스는 실행 가능한 약속을 하고 이를 이행할 역량을 갖춘 회사다. PFP NFT 업계에는 지킬 수 없는 약속과 파기가 만연하다. 결국 블루칩으로 평가받는 프로젝트는 민팅 이후 사전에 제시했던 로드맵roadmap을 이행해 내는 팀들이다. 5000억 원에 달하는 시드 라운드 투자 액수는 반드시 가치 있는 무언가를 만들어 보이겠다는 유가랩스와 그들에게 투자한 벤처 캐피털들의 의지를 표현하는 것처럼 보인다. 유가랩스는 다시 한번 그들의 약속을 지킬 수 있을까?

불안한 요소도 분명 있다. 7장에서 언급했듯이, 아더사이드의 내부 경제는 게임 출시 이전부터 계층화되었다. 이는 탈중앙화라는 가치를 훼손할지도 모른다. 또한 외부에 BAYC 유니버스에 대한 거부감을 불러일으킬 수도 있다. 실제로 아더사이드 론칭 이후 트위터에서 BAYC의 이러한 행보를 비난하는 목소리가 나타났다. 만약 미래에 아더사이드만큼 개방적이면서 보다 수평적인 내부 경제 시스템을 갖춘 새로운 메타버스가 등장한다면, NFT 컬렉터들은 아더사이드와 새로운 메타버스 중 어느 것을 선택할까? 아더사이드는 지속 가능할까? 아더사이드의 다음번 공개에서는 첫 공개에서 비롯된 NFT 컬렉터들의 우려를 지워 낼 수 있을 만큼 발전한 모습을 보여줘야 할 것이다.

PFP NFT 산업의 미래는 어떤 모습일까? 블록체인과 그 위의 NFT라는 개념은 디지털 공간에 일종의 물리적 법칙을 제공한다고 볼 수 있다. 블록체인의 타임스탬프는 모든 가상 공간에 공유되는 시간 개념을 부여한다. NFT는 그 공간 속에 놓이는 오브제를 구현한다. 그리고 이 오브제들은 영원히 사라지지 않는다. 가상 공간은 현실에서는 절대 경험할 수 없는 무언가도 제공할 수 있기에 고유한 가치를 지닌다. 그리고

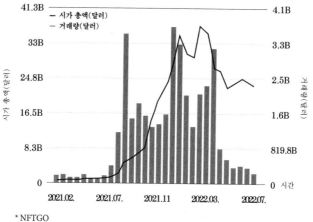

NFT 시가 총액 및 거래량 추이[61][62]

* NFTGO

내가 소유한 NFT는 나 이외에 그 누구도, 심지어 NFT 창작자조차 통제할 수 없다. 블록체인과 NFT만큼 가상 공간의 경제 활동을 뒷받침할 수 있는 기술은 없을 것이다. 이에 기반을 둔 제품들의 미래가 밝다는 믿음은 여기서 온다.

2022년 여름 암호 화폐 시장은 다시 한번 크립토 윈터라 불리는 침체기를 맞이했다. 이에 따라 주요 NFT 프로젝트들의 거래량과 바닥 가격 또한 하락했다.

하지만 NFT 프로젝트들은 이런 때일수록 빌드build에 집중해야 다시 찾아올 '활황장'에서 시장의 주목을 받을 수 있음을 알고 묵묵히 제품 개발과 커뮤니티 확장에 주력하고 있다. 최종 결과물이 무엇인지는 유가랩스를 포함한 NFT 시장의 모든 플레이어들이 아직 찾아가는 과정에 있다. PFP NFT는 이미 디지털 공간에서 페르소나로 사용되고 있고 온·오프라인 서비스를 이용할 때 개인의 권한을 증명하는 수단이 되기도 한다. 일부 NFT 컬렉터들은 여러 PFP NFT를 패션 아이템처럼 바꿔 사용기도 한다. 젠킨스 더 발렛의 사례에서 보았듯이 IP 자산으로 활용하는 경우도 있다. 이처럼 아직 우리가 알지 못하는 또 다른 사례가 조만간 나타날지도 모른다. 지금이야말로 PFP NFT 사업이 폰지 사기라는 오명을 벗을 수 있는 기회의 시간이다.

주

1 _ 2022년 7월 3일 환율 기준 1ETH = 140만 원.

2 _ NFT는 블록체인에 저장된 디지털 아트의 등기 권리증 같은 개념이므로, 경매에 걸린 그림 그 자체보다 그 NFT의 원본이 있는 주소가 더 중요하다.

3 _ 유가랩스는 APE FEST 2022 기간 동안 피어 17에 거대한 BAYC 원숭이 캐릭터 조형물과 BAYC, APE FEST, 그리고 'MAYC(Mutant Ape Yacht Club)'의 로고를 돛으로 삼은 요트를 설치했다. 여담으로 BAYC 원숭이 캐릭터 조형물이 플립플롭을 신고 있는데 끈 위치가 현실적이지 않아서 트위터상에서 조롱거리가 되기도 했다.

4 _ 웹2.0은 우리에게 친숙한 지금의 웹을 말한다. 웹3.0은 웹2.0의 차세대로서 탈중앙화와 개방성이라는 특성을 지니며 더 큰 유용성을 제공할 것으로 예상된다. 예를 들어 웹3.0에서는 플랫폼이 아니라 크리에이터가 자신의 창작물을 소유하고 그로부터 발생하는 가치를 모두 누릴 수 있다.

5 _ 2005년에 캐나다 토론토대학 출신인 두 명의 소프트웨어 개발자가 만든 팀이다.

6 _ 크립토펑크 또한 고유의 캐릭터 이미지를 가진 1만 개의 NFT로 구성돼 있다.

7 _ 라바랩스는 ERC-721 프로토콜이 개발된 이후 변환 기능 Wrapping을 제공하고 있다.

8 _ 해시마스크는 2021년 1월 1만 6384개의 NFT를 판매하여 1600만 달러 이상을 벌어들였다.

9 _ Sandbox는 이더리움 기반의 샌드박스형 게임이다. 회사명과 게임 유형의 명칭이 같아 헷갈릴 수 있다. 샌드박스형 게임은 유저들에게 높은 자유도를 선사함으로써 유저들이 스스로 게임을 재창조하고 즐길 수 있다는 특징을 갖고 있다. 대표적인 사례로 마이크로소프트사의 마인크래프트와 로블록스 등이 있다.

10 _ BAYC의 공식 트위터 계정에 따르면 최종적으로 135ETH를 기부했다.

11 _ PFP NFT 프로젝트들은 민팅 시점에 각 NFT의 이미지를 공개하지 않고 일정 기간 동안 비공개로 둔다. 이후 특정 시점에 일종의 이벤트처럼 일괄 공개하는데, 이를 리빌

이라 부른다. 민팅부터 리빌 사이에는 마치 게임에서 가챠 아이템(랜덤 박스 아이템)을 구매하듯이 좋은 이미지가 나올 것이라는 기대감을 갖고 PFP NFT를 구매하는 컬렉터들이 많아 해당 NFT 컬렉션의 가격이 대체로 오르는 경향이 있다. 하지만 리빌 이후에는 실제 이미지에 실망하고 매물로 내놓아 가격이 하락하게 된다. 물론 해당 NFT 컬렉션의 전반적인 질이 우수하다면 가격 하락은 일시적 현상일 뿐이며 다시 성장하게 된다.

12 _ 2022년 5월 30일 기준으로 오픈씨에 등록된 매물 중 가장 저렴한 MAYC이다. 가격은 일반적인 PFP NFT들의 가격대를 훌쩍 뛰어넘는 17.5ETH에 달한다.

13 _ 뉴욕 맨해튼에 위치한 부두 중에 하나로 현재는 공원과 스포츠 복합 시설 등이 들어서 있다.

14 _ 2022년 6월 초순 기준으로 바닥 가격은 6ETH였다.

15 _ Nicolaus Li, 〈Bored & Hungry, The First Bored Ape Yacht Club Restaurant Has Officially Opened〉, HYPEBEAST, 2022. 04. 11.

16 _ 메타마스크는 가장 일반적으로 사용되고 있는 암호 화폐 지갑이다.

17 _ 트위터에 올릴 수 있는 이미지 수는 최대 네 장으로 제한되어 있기 때문에 젠킨스 더 발렛은 옴니버스 식으로 네 장의 이미지 안에서 짧은 이야기 하나가 완결되는 형태로 소설을 작성했다.

18 _ 멤버십 등급에 따라 행사 가능한 보팅 파워(Voting Power · 투표권)에 차이는 있다.

19 _ 탈리랩스는 그들의 첫 번째 책(Book 1)의 작가로 《뉴욕타임스》 베스트셀러 작가 닐 스트라우스(Neil Strauss)를 합류시킨 바 있다.

20 _ POD 서비스는 유저가 화이트 레이블 제품에 자신의 디자인을 적용하여 상품을 제작하고 판매할 수 있는 서비스를 제공한다. 유저는 디자인만 담당하면 되고 나머지 프로세스를 POD 서비스가 담당한다.

21 _ 현재는 유가랩스가 작성했던 블로그 페이지가 삭제돼 상세한 내용을 확인하기는 어렵다.

22 _ 패션 업체의 NFT 시장 진출 사례가 궁금하다면 더 헌드레즈의 사례를 살펴볼 것을 추천한다.

23 _ 누구나 자신의 NFT를 판매할 수 있는 오픈씨와는 달리 슈퍼레어의 승인을 받은 아티스트들만이 NFT를 판매할 수 있다.

24 _ NFT 업계에서 가장 유명한 인플루언서 중 한 명으로 실제 얼굴을 공개하지 않고 주황색 비니를 착용한 원숭이 이미지의 크립토펑크를 프로필 이미지로 사용하고 있다. '인투 더 메타버스' 공개 이후 지머니가 자신의 트위터 계정에서 밝힌 바에 따르면 그들은 2021년 4월에 프로젝트 준비에 착수했다. BAYC와 픽셀 볼트는 이후에 합류한 것으로 추정된다.

25 _ 펑크스 코믹은 픽셀 볼트가 만드는 NFT와 실물의 만화책이다.

26 _ 가스 워는 이더리움 트랜잭션(Transaction)에 우선순위를 부여하기 위해 설계된 옥션 시스템이다. 이더리움 블록체인을 사용하려는 수요가 높을 때 우선순위를 점하기 위한 가격이 치솟게 된다. NFT 퍼블릭 세일에서 민팅하려는 사람들이 몰렸을 때 가격 상승을 쉽게 볼 수 있다.

27 _ 이더리움에서 트랜잭션을 발생시킬 때 지불하는 수수료를 말한다.

28 _ 소각된 토큰들은 더 이상 유통되지 않는다.

29 _ 독자적인 PFP NFT를 제공할 것이라고 추정되고 있다.

30 _ 웹3.0 업계 또는 특정 프로젝트에 초기에 합류한 이들을 의미한다.

31 _ 정황상 셀럽들 간에 입소문을 타고 자발적으로 구매한 것으로 보인다.

32 _ 당시 BAYC의 바닥 가격은 39ETH 수준이었다.

33 _ 하산 화이트사이드는 사실 9월 3일에 이미 BAYC #3133을 48.5ETH에 구매한 상태였다. 그는 BAYC 외에도 두 개의 MAYC와 하나의 BAKC를 보유했다.

34 _ 그는 BAYC #590을 구매했고 이를 그의 트위터 프로필 이미지로 변경했다.

35 _ 그의 NFT 아트 '첫 5000일(Everydays : The First 5000 Days)'이 크리스티 경매에서 6930만 달러(785억 원)에 판매되어 크게 화제가 됐다. NFT를 게임에 사용하여 가장 유명해진 사례가 크립토키티라면 NFT 아트를 본격적으로 알린 이는 비플이었다.

36 _ 신용 카드, 은행 송금, 애플 페이(Apple Pay) 등으로 암호 화폐를 구매할 수 있는 서비스를 제공한다. 이를 통해 암호 화폐 시장의 대중화를 돕고 있다. 또한 셀럽들에게는 NFT 구매를 위한 컨시어지 서비스(concierge service)를 제공하고 있다. 지미 팰런은 그의 쇼에서 크립토 업계의 페이팔(Paypal)과 같은 회사라고 소개한 바 있다.

37 _ 기업 가치 34억 달러를 인정받았다.

38 _ 이반 소토 라이트는 인스타그램의 케빈 시스트롬과 마찬가지로 직접 셀럽들을 만나 BAYC로의 온보딩을 도왔다.

39 _ 라바랩스는 주로 안드로이드용 어플리케이션을 만들던 회사였다.

40 _ 오델 베컴 주니어는 크립토펑크 #3365를 구매했다. 그는 2021년 11월에는 소속 팀과 다음 1년의 연봉을 모두 비트코인으로 지급 받기로 계약해 다시 한번 화제가 됐다.

41 _ 라바랩스가 제작한 3D 복셀(Voxel) 캐릭터 NFT.

42 _ 라바랩스가 만든 제너레이티브 아트 NFT로서 PFP NFT가 아닌 아트 NFT이다.

43 _ Edward Lee, 〈The Cryptic Case of the CryptoPunks Licenses: The Mystery Over the Licenses for CryptoPunks NFTs〉, SSRN, 2021, p. 2.

44 _ 이후에 다시 등록되어 현재는 오픈씨에서도 거래 가능하다.

45 _ 이 또한 패러디의 일환일지도 모르겠다. 크립토펑크도 라바랩스 홈페이지에서 거래 가능하다.

46 _ 크립토횡크(CryptoPhunk)는 라바랩스의 상업적 사용권 부여에 대한 입장을 조명했다는 점에서 긍정적인 역할을 했으나 NFT 커뮤니티는 이 프로젝트를 인정하지 않았던 것 같다. 블루칩 프로젝트 아즈키(Azuki)의 공동 창업자 중 한 명인 자가본드(Zagabond)는 블록체인 기반 블로그 서비스 mirror.xyz에 자신이 NFT 업계에서 해왔던 일을 공유하며 자신이 크립토횡크와 크립토정크(Cryptozunk)에 참여했다고 밝힌 바 있다. 당시 NFT 컬렉터들은 자가본드가 밝힌 또 하나의 프로젝트까지 총 세 개의 프로젝트를 러그풀했으면서 자랑스럽게 여기느냐며 그를 비판했다. 또한 이에 실망한 아즈키 홀더들이 아즈키를 판매하기 시작해 바닥 가격까지 급락하기도 했다.

47 _ 스마트 컨트랙트는 특정 조건을 만족하면 미리 계약한 내용을 블록체인상에서 자동으로 실행하도록 코딩돼 있는 컴퓨터 프로그램 또는 거래 프로토콜이다. 이더리움이 최초로 도입하여 블록체인이 1세대(비트코인)에서 2세대로 발전한 계기가 되었다.

48 _ 앞서 언급했듯이 크립토펑크가 배포될 당시에는 ERC-721이 등장하기 전이었고 라바랩스는 ERC-20을 수정하여 크립토펑크를 발행했다.

49 _ 자신의 트위터 닉네임도 그가 보유한 크립토펑크 #4156에서 따왔다. 현재 그의 트위터 팔로워 수는 약 14만 6000명에 이른다.

50 _ 퍼블릭 도메인 또는 자유 이용 저작물이란 저작권이 소멸됐거나 저작자가 저작권을 포기한 저작물을 말한다.

51 _ NFT 시장의 흥미로운 점들 중에 하나는 이러한 정보가 디스코드와 트위터를 통해 실시간으로 투명하게 공개되고 누구나 이에 접근할 수 있다는 점이다.

52 _ 참고로 크립토펑크가 BAYC보다 출시된 시점이 이르고 먼저 최고의 PFP NFT로 주목받았기 때문에 더 높은 누적 거래량을 기록하고 있다.

53 _ 나머지 10만 개는 추후 배포될 계획이었다.

54 _ 레디 플레이어 원 모먼트(Ready Player One Moment)는 메타버스 게임을 소재로한 영화 레디 플레이어 원과 관련하여 만들어진 용어이다. 해당 영화의 수준으로 메타버스가 구현됐음을 나타낸다.

55 _ 트위터가 제공하는 음성 채팅 서비스.

56 _ DAO(Decentralized Autonomous Organization)는 중심이 되는 운영자 없이 커뮤니티가 이끄는 조직으로서 자율적이고 투명하게 운영된다. 스마트 컨트랙트로 기반 규칙들을 구현해 두고, 동의된 결정, 제안, 투표 등을 코드를 통해 자동으로 집행한다. 또한 모든 코드들은 공개적으로 감사(audit)될 수 있다.

57 _ 제인 구달(Jane Goodall)은 영국의 동물학자이자 환경 운동가로 침팬지 행동 연구 분야의 세계 최고 권위자다.

58 _ 참고로 아더디드 판매 시점에 이더리움 가격은 2700달러 수준이었다. 그리고 에이프코인도 ERC-20 토큰인 만큼 가스 피 지불은 이더리움으로 이루어졌다.

59 _ 미국의 프리랜서 전문가 구인 플랫폼.

60 _ Marketcap: The sum of market capitalization of all collections listed on NFTGo. Market capitalization is calculated as the sum of each NFT valued at the greater of its last traded price and the floor price of the collection, respectively.

61 _ Volume(1Y): The total USD volume of NFT sales across all collections listed on NFTGo over the selected time range.

지금, NFT는 어떤 문제일까? 누군가에게 NFT는 투기 수단이고, 또 누군가에게는 거품 낀 신기루다. 누군가는 NFT를 바라보며 새로운 시대의 초입을 이야기한다. 수많은 수식어 사이를 오가는 과정에서 NFT는 어쩌면 정의되기 전에 납작해졌다. 끊임없는 증명을 요구받는 NFT 시장에서 당당히 그 가치를 입증한 프로젝트가 있다. PFP NFT의 대표주자 BAYC다. 등장 이후 시장을 장악하기까지 1년도 채 걸리지 않았다. BAYC의 멤버들은 셀럽과 함께 선상 파티를 즐기며 신기루를 현실화하고 있다.

유가랩스는 NFT를 소유하는 것만이 그 가치의 전부가 아님을, 가상의 것을 믿고 유지하면서 성장할 수 있는 비즈니스 구조가 존재한다는 걸 드러냈다. BAYC가 만든 것은 원숭이 얼굴의 유저들이 자유롭게 뛰어놀 수 있는 거대한 유람선이었다. 누구나 가질 수 없는 입장 티켓만 제시한다면 유람선에는 즐길 거리가 가득했다. 결국 BAYC의 핵심은 하나뿐인 원숭이 프로필이 아니었다.

BAYC가 팔았던 것은 BAYC 커뮤니티에 입장할 수 있는 골든 티켓이었다. 윌리 윙카의 초콜릿 공장이 꿈의 공간이었던 것과 비슷했다. 셀럽들은 BAYC의 프로필 사진을 사랑했고, 매년 그들을 위한 축제가 열렸다. 구매자들은 원숭이 캐릭터를 이용해 레스토랑을 열고 2차 콘텐츠를 만들었다. 누구나 자신만의 작은 요트를 띄우며 중앙 권력의 손아귀에서 벗어난 세계를 만들 수 있었다. 결국 유가랩스 신화의 열쇠는 구매자의 손이었다. 정확히 말하자면 약속과 연결을 의미하는 새끼손가락이었다. 사람들 사이의 약속과 믿음으로 유지되는 화폐처럼, BAYC역시 서로의 힘을 믿고 연결을 약속하는 이들을 통해 힘을 키울 수 있었다. 화폐가 종잇조각에 덧붙은 믿음이라는 점에서 BAYC의 전략은 화폐의 그것과 크게 다르지 않았다.

암호 화폐는 웹3.0의 시대에서 중앙집권적인 화폐의 믿음을 대체하는, 일종의 대안 믿음이다. 그렇다면 NFT는 중앙집권적인 소유의 의미를 바꿀 대안 개념일 수 있다. 사람들은 항상 대안적인 세계를 원했다. 그 시도는 활자로, 회화로, 영화로, 전 세계의 웹 사이트를 오가며 의견을 나눌 수 있는 인터넷망으로 드러났다. 지금 우리가 마주칠 새로운 세계는 누구나 자신만의 세계를 만들 수 있는 웹3.0이다. 이 시대를 똑똑하게 준비하고, 승기를 잡기 위해서는 준비가 필요하다.

바둑에서 이미 끝난 판국은 다음 대국을 준비하기에 가장 좋은 참고서다. 어쩌면 유가랩스라는 판국을 복기하는 일이 NFT의 모습으로 다가올 미래를 준비하는 일일 수 있다. 언제나 새로운 시도는 의심을 받는다. 그러나 처음부터 완벽히 새로운 시도는 없다. 과거의 문법을 반복하고, 요소를 덧붙이며 시도는 공식으로, 또 다른 문법으로 남는다. 그런 점에서 BAYC가 1년간 이뤄낸 성취는 NFT가 선택할 길에 하나의 나침판이 될 수 있다. NFT의 미래를 준비할 때 BAYC를 하나의 전략 창고이자 한 권의 안내서로 들여다보는 건 어떨까?

김혜림 에디터